GÜTERSDIE
LOHERVISION
VERLAGSEINER
HAUSNEUENWELT

Hubertus Meyer-Burckhardt

Frauengeschichten

Was ich von starken Frauen
gelernt habe

GÜTERSDIE
LOHERVISION
VERLAGSEINER
HAUSNEUENWELT

*Ich danke meiner Assistentin Jeanette Witthaut
für ihre immer während Unterstützung,
ferner meiner wunderbaren Redakteurin
Doris Schiederig, ohne die diese Gesprächsreihe
nicht denkbar wäre.*

Das Buch ist für Lilly!

INHALT

Annelie Keil, Soziologin, Mitbegründerin der Universität Bremen, früher Kämpferin für den Kommunismus, heute Kämpferin gegen den Krebs – gegen ihren Krebs –, war ganz zu Beginn Gast in meiner Radiosendung »Meyer-Burckhardts Frauengeschichten«. Eine Frau, der kein Schicksalsschlag erspart blieb und die dennoch oder deshalb die Lebensfreude in Person ist.

Ihr Credo: »Das Leben muss nicht halten, was ich mir von ihm versprochen habe.«

Das Leben sei eben eine ungesicherte Unfallstelle, und für eine glückliche Kindheit sei es nie zu spät. Und genau das, was Annelie Keil formuliert, hat mich schon immer an Frauen interessiert: dass eine Liebeserklärung an das Leben den Kampf gegen Trübsinn und Selbstmitleid einschließt.

Als kleiner Junge hatte ich einem prügelnden und meist alkoholisierten Vater zu vergeben. Hat mich das Leben je gefragt, ob ich den wollte? Nein. Genauso wie Annelie Keil nicht gefragt wurde, ob sie es erstrebenswert fand, in Hitlers Reich hineingeboren zu werden. Sicher nicht!

»Glücklich sein ist eine Entscheidung«, pflegte meine Mutter zu sagen. Und sie übernahm in diesem Geist, gemeinsam mit meiner Großmutter, den Haushalt, nachdem ich im Alter von etwa zwölf Jahren meinen Vater aus dem Haus geworfen hatte.

Meine Großmutter, die sich als »Hohepriesterin der Unvernunft« verstand, lebte nach der Devise: Wir rechnen mit dem Schlimmsten und hoffen auf das Beste.

Zwei Weltkriege hatte sie überlebt, alles verloren, nur ihr Leben nicht, und das sei aus ihrer Sicht doch recht

erfreulich. Meine ›frühen‹ Freundinnen lud sie regelmäßig in eine Weinstube ein. Wenn sie nicht trinkfest waren, dann erhielt ich am nächsten Tag einen Anruf: »Mein
Junge, die kannst du vergessen. Die verträgt ja nichts.«

Und das hat mich interessiert, als ich »Meyer-Burckhardts Frauengeschichten« erfunden habe: Frauen zu
porträtieren, die etwas ›vertragen‹, die das Leben ab-
können, die sich dem Leben stellen, die mutig sind und
unvernünftig, die sich für ihre Lebenszeit verantwortlich
fühlen und für nichts anderes. Das ›Plankton des Lebens‹
erspürst du nur, wenn deine Sinnesorgane offen sind,
und es war Truman Capote – ja, ein Mann –, der sagte:
»Die Wahrheit ist zu interessant, um sie zu ignorieren.«

Ob Doris Dörrie oder Barbara Schöneberger, ob Ina
Müller oder ob Elke Heidenreich ... Sie alle betrachten
ihr Leben als Naturschutzgebiet. »Frauen kommunizieren über Beziehungen, Männer über Status«, sagt die
Psychologin Eva Wlodarek, die ebenfalls Gast bei mir
war.

Als Gastgeber einer Talkshow habe ich schon lange
den Eindruck, dass Frauen im Alter eher anarchisch werden, Männer eher bedeutungsschwanger.

Was bleibt von der Person ohne die Funktion? Eine
Frage, der sich Frauen mit Vergnügen, Männer mit Sorge
stellen. Frauen brechen auf, wenn das Leben die Verabredung nicht einhält, Männer ein. Hätte Mutter Erde ein
Weltkulturerbe zu vergeben, dann wären es die Frauen.
Während die Männer häufig nichts anderes tun, als einer Bonsai-Existenz hinterherzulaufen, um dann am Lebensende die Niederlagen zu bejammern, sehen Frauen
zu, dass stattdessen die Versäumnisse nicht überhand-
nehmen. Es gibt nämlich keinen Grund, dass der Schus-
ter bei seinen Leisten zu bleiben hat. Und es missfällt
nur denen, dass der Esel, wenn es ihm gut geht, aufs Eis

geht, die Angst haben, das heimische Sofa zu verlassen, weil draußen bisweilen ein kalter Wind (übers Eis) pfeift.

Über meinen Frauengeschichten steht ein Satz wie eine Überschrift, fast wie ein Dogma. Der Satz stammt von Barbara Schöneberger, beiläufig geäußert, aber man kann ihm nicht entgehen: »Ich empfehle zu leben.« Meine Frauen werden nicht in Würde alt, sie bleiben in Würde jung. Petula Clark sagte kürzlich in einem Interview: »Ich bin total offen für das, was noch kommt. Unter einer Bedingung: Es muss Spaß machen.«

Das Leben als Labor, als ein ständiger Versuch. Es gibt keine Generalprobe, die Vorstellung läuft bereits.

Und gibt es ein besseres Lebensziel als das von Meike Winnemuth: »Ich möchte eines Tages eine glückliche Leiche sein.«?

Freuen Sie sich also auf Geschichten vom Leben.

Hubertus Meyer-Burckhardt

....

Wir haben diese Begegnung für die FRAUENGESCHICH-
TEN in München aufgezeichnet. In ihrer Stadt. Und nach
dem Gespräch, das keiner Kommentierung bedarf, weil
es für sich steht, weil es in wunderbarer Weise zeigt, wie
stark diese Frau ist und warum sie da ist, wo sie ist, gingen
wir recht schnell auseinander, weil sie eine sich anschlie-
ßende Verabredung getroffen hatte und weil auf mich das
Flugzeug nach Hamburg wartete.

Genau das habe ich im Nachhinein sehr bedauert.
Hätte ich sie doch noch zum Mittagessen eingeladen,
denn ich habe ihr so verdammt gern zugehört, so gern,
dass ich fast vergaß, meine Fragen zu stellen.

Doris Dörrie beobachtet präzise, reflektiert klug,
nimmt ihren Beruf der Erzählerin ernst und sich nicht
wichtig. Den Schicksalsschlägen setzt sie Lebenswillen
entgegen, inspiriert durch das, was sie ein Wunder nennt,
dass man nämlich durch 26 Buchstaben Welten entstehen lassen kann. Und genau deshalb hätte ich ihr noch
sehr lange zuhören, besser zusehen können: wie sie so
neben einem sitzt und eine Welt nach der anderen entstehen lässt, eine spannender als die andere. Aber lesen
Sie doch bitte selbst …

»ICH KANN SCHWER IMMER NUR AN EINEM ORT SITZEN. ICH MUSS IMMER UNTERWEGS SEIN.«

Meine Damen und Herren, ich freue mich sehr über unseren Gast heute. Es ist die große Autorin und Regisseurin Doris Dörrie. Und ich freue mich, dass Sie Ihren Weg ins Studio zu mir gefunden haben. Herzlich willkommen!

Danke! Es war nicht so schwierig, ist ja meine Stadt: München.

Es gibt ein Haiku – Haiku ist die kürzeste japanische Gedichtform, die kürzeste, die es auf der Welt gibt –, mit dem Sie einmal einem Interviewpartner auf seine Frage: »Können Sie auch einfach mal gar nichts machen?«, geantwortet haben: »Still sitzen, nichts tun, der Frühling kommt, und das Gras wächst von alleine.«
   Ist Ihnen die Ruhe gegeben, oder mussten Sie sich die Ruhe erarbeiten?

Das ist gemischt. Für mich ist es schon sehr schwierig, still zu sitzen. Gleichzeitig bin ich ein sehr fauler Mensch, deshalb fällt es mir phasenweise auch wieder sehr leicht. Aber dann muss ich wieder losrennen. Und ich kann schwer immer nur an einem Ort sitzen, ich muss eigentlich immer unterwegs sein. Und dann sitze ich gerne wieder irgendwo rum auf der Welt.

Dazu kommen wir gleich. Auf die Frage, was Ihr größtes Talent sei, haben Sie bescheiden gesagt, Ihr größtes Talent sei Schlafen. Und jetzt kommt der wichtige Zusatz: Aber das Talent kommt mir langsam abhanden.

Ja, ich bin leider relativ schlaflos geworden, das hat wohl einfach mit dem zunehmenden Alter zu tun und mit Vererbung. Mein Vater ist ein sehr schlafloser Mensch. Aber ich bemühe mich weiter.

Sie sprechen von Ihrem Vater … Sie sind 1955 in Hannover geboren, Tochter eines Arztes, Ihr Onkel war Altphilologe Heinrich Dörrie, der sich – soviel ich weiß – sehr mit Platon beschäftigt hat. War das ein intellektuelles Elternhaus?

Gemischt, glaube ich. Es war natürlich sehr praktisch, weil mein Vater Arzt war. Meine Mutter auch, und Ärzte sind ja bis zu einem gewissen Grad Handwerker, und gleichzeitig gab es eben diese große Liebe zur Literatur und wirklich auch dieses klassische Bildungsideal, humanistische Bildung. Mein Vater hat mich schon sehr geschubst, Griechisch in der Schule zu wählen, was ich eigentlich gar nicht wollte, wofür ich ihm aber dann doch immer sehr dankbar gewesen bin.

Später sind Sie aufgebrochen nach New York und hatten offensichtlich wenig Geld, aber dazu kommen wir später. Was war das für ein Haushalt, wo man gesagt hat, man hält die Kinder kurz, aber Geld für Bücher und Theater gibt es immer?

Geld für Bücher gab es wirklich immer. Aber wir waren halt vier Geschwister, und es war vollkommen klar, dass das Geld nicht für vier ausreicht, wenn jeder endlos lange studiert oder ohne Unterstützung ins Ausland geht. Das ging einfach nicht. Man musste halt darauf achten, dass es gerecht verteilt blieb, und jeder musste schauen, dass er auch relativ schnell mit dem Studium fertig wurde und sein eigenes Geld verdiente. 13

Sie erwähnen Ihre Geschwister. Als Sie drei Jahre alt waren, bekam Ihre Mutter Zwillinge. Und Sie haben sehr früh angefangen, diese jüngeren Geschwister zu inszenieren. Wie mir scheint, auch sehr brachial oder sagen wir autoritär.

Na klar, ich war sechs, und die waren drei.

Na ja, Sie haben das mal so beschrieben: Ich sagte meinen Geschwistern, Zitat Doris Dörrie: »Ich sage jetzt, ach hätten wir doch ein Kind. Aber sie waren so verschüchtert, dass sie immer genau meine Worte wiederholten und sagten, ich sage jetzt, ach hätten wir doch ein Kind.« Und dann haben Sie sie einfach geprügelt, sie weinten, und das Weinen haben Sie gebraucht für Ihre Inszenierung.

Ja, da habe ich gemerkt, wie man das so macht mit der Regie. Ohrfeigen helfen. Nein, ich habe das neulich noch mal beschrieben, als ich in Leipzig eine Poetik-Vorlesung hielt, dass es schon für mich der Grund für das Erzählen war, verstoßen worden zu sein. Natürlich nicht wirklich von meiner Mutter verstoßen, aber ich fühlte mich so. Daraus strickte ich mir dann als Geschichte, wie ja jeder seine Lebensgeschichte strickt, dass ich von diesem Zeitpunkt an eben ein bisschen außen vor war. Ich war plötzlich Beobachter und konnte diesen kleinen Geschwistern zuschauen, die aus meiner Sicht natürlich wahnsinnig jung waren, weil sie noch nicht sprechen und spielen konnten und man eigentlich gar nichts mit ihnen machen konnte. Aber sie waren süß, und alle Leute fanden sie hinreißend, weil es eben wirklich wunderhübsche Zwillinge waren. Diese Position, ob man beobachtet oder zufrieden mittendrin ist, legt sich schon relativ früh fest. Und zufrieden mittendrin war ich eigentlich nie, sondern wie gesagt, immer eher die Beobachterin. Und ich habe großen Spaß entwickelt, und das ist – glaube ich – inzwischen mein Haupttalent, nicht mehr zu schlafen, sondern zu flanieren. Ja, ich betrachte mich heute mehr als Flaneuse denn als Schläferin.

Der große, leider verstorbene Schauspieler Wolfgang Kieling und die wunderbare Elke Heidenreich haben eine Sache gemeinsam: Sie haben die Literatur über die Buchstabensuppe entdeckt. Und mein Eindruck ist, dass die Literatur für Sie sehr früh – nicht über eine Buchstabensuppe und über Russischbrot entdeckt – eine Fluchtburg oder ein Fluchtpunkt war. Beobachte ich das richtig?

Ja, sicherlich, aber es war eben auch dieses Wunder, als ich gemerkt habe, dass man mit diesen sechsundzwanzig Buchstaben tatsächlich Welten entstehen lassen und sich genauso in diese Welten durch die Literatur hineinbegeben kann. Und wir hatten keinen Fernseher; ich glaube, das ist auch sehr wichtig. Abends wurde gelesen, die ganze Familie hat abends gelesen.

Aber wir sprechen dann doch über ein intellektuelles Elternhaus?

Ja. Ich wehre mich ein bisschen gegen diesen Begriff, ›intellektuell‹, weil ich bis heute nicht so genau weiß, was das eigentlich sein soll. Gebildet, ja, intellektuell ist noch mal was anderes. Also das ist auch, finde ich, zum großen Teil das Angeben damit, dass man etwas begrifflich fasst. Das meine ich überhaupt nicht, sondern es war einfach dieser große Genuss, den meine Eltern uns Kindern schon sehr früh vermittelt haben, durch die Literatur in andere Welten zu gelangen und damit auch die Menschheitsgeschichte **15** *durch die Literatur begreifen zu können. Das haben sie uns sehr klar beigebracht.*

Sie hatten keinen Fernseher als Kind, aber Ihr Traummann war Pierre Brice. Das setzt aber voraus, dass man Ihnen das Kino erlaubt hat.

Ja klar. Meine Eltern gingen wenig ins Kino, weil sie so wenig Zeit hatten mit vier Kindern und ihren Berufen. Aber ich durfte mit meinem Vater zum Beispiel in »Winnetou« gehen, und das war für mich wirklich ein irrsinniges Erlebnis, weil das Kino auch noch in einem Hochhaus in Hannover ganz oben in den Wolken war. Ich glaube, dieses Haus hatte sechs Stockwerke, das war irrsinnig hoch. Und das hat mich tief beeindruckt. Schließlich aber auch die Fernseherlebnisse bei einer Tante, die wir alle drei, vier Wochen besuchten. Tante Hildchen. Da lief zwar immer nur »Der Blaue Bock«, aber auch das fand ich als Kind faszinierend.

Heinz Schenk hatte eine späte Karriere als ganz ordentlicher Schauspieler.

... und einen tollen Film mit Hape Kerkeling gemacht.

Sprechen wir über Heimat. Sie haben bereits an anderer Stelle öffentlich über Heimat gesprochen und gesagt, die Fußgängerzone in Hannover sei deutsche Realität per Definition. Kröpcke heißt sie.

Na ja, es ist seltsamerweise etwas, das ich überall in Japan wiederentdeckt habe, was dann auch ein seltsames Heimatgefühl auslöste. Es hat natürlich sehr stark mit den Zerstörungen durch den Zweiten Weltkrieg und diesem schnellen Wiederaufbau zu tun, wobei auf Schönheit nicht so viel Rücksicht genommen werden konnte. Und was auch eine gewisse Zerrissenheit ausdrückt, dieser Beton und dieses Zerrissensein zwischen Vergangenheit und Gegenwart, zwischen Tradition und Moderne, das ist in Hannover genauso zu spüren wie z. B. in Fukuoka.

Sie haben seit dem vierten Lebensjahr gewusst, dass Sie sterben werden.

Ja, an diesen Moment kann ich mich sehr genau erinnern: Ich wachte eines Nachmittags aus dem Mittagsschlaf auf, den ich anscheinend mit vier Jahren noch gemacht habe, und begriff plötzlich, wie Tod sein muss. Und davon habe ich mich nie wieder erholt.

Das heißt, Sie wissen um die Kostbarkeit des Lebens?

Ja, das hat natürlich auch mit meinem Elternhaus zu tun, mit dieser Nähe zu Krankheit und Tod, wenn die Eltern Ärzte sind. Das begreift man schon sehr genau als Kind. Und sich davon auch bedroht zu fühlen, dieses Gefühl hatte ich sehr früh, weil es natürlich in den Gesprächen zwischen den Eltern sehr oft um lebensbedrohliche Situationen von Patienten ging.

Wenn ein Kind Angst hat, sucht es Heimat. Sie haben einmal gesagt, dass für Sie die deutsche Sprache Heimat sei. Gibt es einen Zusammenhang, dass Sie die Furcht vor dem Tod auf der einen Seite kompensiert haben mit einer Flucht oder – vielleicht weniger pathetisch – Zuwendung zur Literatur, die Ihnen einen gewissen Schutz bot?

Das habe ich wohl relativ früh verstanden, dass das wirkliche Blut und das wirkliche Leid für mich zu viel waren. Da- **17** *für hatte ich zu schwache Nerven. Aber das erzählte Leid und das erzählte Blut, das konnte ich besser verkraften. Denn es ist alles immer eine Frage, was man selbst verkraftet. Und natürlich gab es auch diese Sehnsucht, durch das Erzählen gewappnet zu sein, was natürlich nicht funktioniert. Aber ich glaube schon, dass wir uns gegenseitig erzählen, um uns weniger zu fürchten. Also ist das Erzählen wie das Pfeifen im Dunkeln. Und egal, ob mir jetzt erzählt wird oder ob ich selbst erzähle, diese Funktion hat mich daran immer angezogen.*

Solange man erzählt, stirbt man nicht.

Genau, aber auch von anderen zu hören, wie die das so machen mit dem Leben.»Die Geschichte von einem, der auszog, das Fürchten zu lernen« ... Der hat seltsamerweise keine Angst und lernt sie dann trotzdem. Dagegen ist unsere normale Situation ja, dass wir alle Angst haben und versuchen herauszubekommen, wie die anderen das eigentlich machen, wie sie es hinkriegen, denn bedrohliche Dinge passieren ständig. Und genau das ist, was mich bis heute fasziniert, fesselt und nicht loslässt: Wie machen die anderen das mit dem Leben, das ja nie gut ausgeht?

Ja, der Tod kommt immer. Sie haben auf die Eingangsfrage, »Können Sie auch einfach mal gar nichts machen?«, vom stundenlangen Herumliegen irgendwo in der Welt gesprochen. Kann es denn prinzipiell sein, dass die Menschen in ärmeren Ländern mehr genießen können als wir?

Natürlich! Das ist etwas, was kulturell gewachsen ist. Wobei in Frankreich oder Griechenland jeder noch zu verste-

hen scheint, dass das ganz, ganz wichtig ist, zusammen rumzusitzen und nicht alles auf seinen Nutzen hin zu überprüfen: Was bringt es mir, und kann ich das verwerten? Das, glaube ich, nimmt uns sehr viel von unserem Menschsein. Wie gut ist dagegen dieses sinnlose Rumsitzen! Aber ich merke auch, wie schwer das geworden ist, weil alle immer so wahnsinnig beschäftigt sind. Mal alle meine Freundinnen zusammenzutrommeln, das ist schier unmöglich geworden. Ich schließe mich da durchaus ein, denn ich habe auch dauernd irgendwas, was dann aber vielleicht gar nicht so wichtig ist.

Ein Freund sagte gerade zu mir: Ich rufe manchmal Menschen ohne Grund an, und sie sind dann immer furchtbar irritiert.

Das gibt es gar nicht mehr. Das Telefon klingelt ja auch kaum noch, weil man alles über Mails und WhatsApp erledigt, weil man niemanden stören will, weil man genau weiß, der andere ist wahnsinnig busy.

Ein Regisseur arbeitet mit Licht, er arbeitet mit Ton, aber er arbeitet auch mit Musik. Gab es in Ihrer Kindheit, in Ihrer Jugend einen Song, von dem Sie sagen, der wird mich die nächsten Jahrzehnte begleiten?

»(I Can't Get No) Satisfaction.« Damals fragte ich meine Mutter, was das denn eigentlich hieße – ich weiß es noch genau –, und sie antwortete: Dafür bist du zu jung. Und natürlich hatte dieser Satz den Effekt, dass ich mich wahnsinnig dafür interessierte, was die da eigentlich singen. Doch meine komplette Identifikation mit Musik – bei den Stones war es Begeisterung – passierte hier in München mit Patti Smith. Sie war früher schon meine Heldin und ist es eigentlich auch **19**

geblieben. Ich habe sie gerade erst vor zwei Jahren wiedergesehen, auf der Berlinale habe ich sogar mal mit ihr geredet, sie ist wirklich eine Zeitgenossin geworden.

Und wenn man mit Patti Smith redet, was für eine Persönlichkeit kommt einem da entgegen, was für eine Stimmung?

Na ja, sie ist so – wie viele im Showbusiness – sehr, sehr schüchtern. Was ich gut verstehen kann, weil ich auch sehr schüchtern bin.

»Wenn ich unterwegs bin, wenn ich irgendwo fremd bin, dann bin ich zu Hause«, sagt Doris Dörrie. Das heißt, der Weg ist immer der Zustand des Wohlgefühls und das Ankommen der der Melancholie und Nervosität?

Nein nein, es ist eher das Fremdsein. Ich bin sehr, sehr gerne fremd, denn dann komme ich zu mir.

Ich kenne keinen anderen Filmschaffenden, keine Regisseurin, die sich so mit Japan auseinandergesetzt hat wie Sie. Ist Ihnen Japan immer noch fremd, oder ist es Ihnen ein bisschen begreifbarer geworden?

Nein, es ist immer noch fremd, und manchmal wird es fremder, als ich je gedacht hätte. Bei meinem letzten Film »Grüße aus Fukushima« war es wieder sehr, sehr fremd. Es ist erstaunlich, wie sehr sich dieses Land immer wieder von einem zurückzieht, wenn man glaubt, man hat es begriffen.

In diesem Film hat mich die Hauptdarstellerin Rosalie Thomass sehr beeindruckt. Wie gelingt es Ihnen, einen deutschen Zugang zu finden? Wenn Sie ein Thema in diesem Land aufgreifen, ist es ja nur von einer gewissen Relevanz für ein deutsches Publikum.

Indem ich damit sehr autobiografisch umgehe. Nehmen wir z. B. diese Rolle der jungen Deutschen, Marie, die nach Japan fährt, um in der Katastrophenzone zu helfen: Das bin natürlich zum großen Teil auch ich. Ich bin auch immer zu groß für dieses Land, ich verstehe es bis heute nicht und ich habe trotzdem einen sehr direkten und auch klaren und herzlichen Kontakt – damit fange ich dann an. Ich kann nur aus meiner Perspektive heraus erzählen, ich kann nicht so tun, als wäre ich die ultimative Japan-Expertin und könnte Geschichten aus japanischer Sicht erzählen. Das würde ich mir nie anmaßen. Es ist und bleibt immer diese fremde Perspektive, mit der ich dort arbeite.

Wir sprachen bereits über Ihr frühes Wissen um den Tod, und dieser Film hat ja unmittelbar mit Tod zu tun, weil es um die Reaktorkatastrophe von Fukushima geht. Gehen Japaner aus Ihrer Sicht anders mit Trauer um, als wir das tun?

Das ist eine schwierige Frage. Ich habe ja auch in Mexiko einen Film gedreht und darüber geschrieben, was der Umgang mit dem Tod den Mexikanern bedeutet ... Ich glaube, dass die Gefühle überall gleich sind, dass sich Trauer überall gleich anfühlt. Was man dann an ritueller Bewältigung zur Verfügung hat, das jedoch unterscheidet sich sehr stark. Und in Japan ist es sicherlich so, dass durch den buddhistischen Hintergrund das Leiden an sich eine größere Akzeptanz hat – also diese erste noble Wahrheit Buddhas, dass das Leben Leiden ist. Das ist in Japan schon sehr viel klarer, oder jeder scheint es tiefer begriffen zu

21

haben als wir hier. Wir tun am liebsten so, als gäbe es das Leiden nicht, als müsste man sich davon fernhalten, um nicht angesteckt zu werden. Das ist schon ein Unterschied.

Buddha sagt ja auch, oder er rät, dass wir die Welt auf uns wirken lassen sollten. Nun sind Sie ja in Ihrem Beruf jemand, der die Welt gestaltet.

Na ja, da habe ich mir über die Jahre ein kompliziertes System angeeignet, das diese beiden Dinge zusammenbringt. Ja klar, ich bin diejenige, die sich die Geschichten ausdenkt und die sie dann auch inszeniert, gleichzeitig versuche ich aber eben auch, diesen Raum zu schaffen, dass Dinge auch wieder entstehen können. Und das funktioniert ziemlich gut. Ich versuche dann, der Wirklichkeit Gelegenheit zu geben, in die Fiktion hineinzukommen. Also in diesem Film auch Platz zu nehmen. Bei Fukushima ist es beispielsweise so, dass da die wirklichen Bewohner der Notunterkünfte mitspielen, dass ein wirklicher Abt von einem buddhistischen Tempel auftaucht, dass es an den echten Orten spielt und dass man als Zuschauer schon sehr, sehr genau spürt, dass das nicht alles ›make believe‹ ist, sondern dass es da um das Echte, das Wirkliche geht. Bei »Kirschblüten« war es ähnlich. Und so habe ich es in fast all meinen Filmen auf diese Art, die Art von »Erleuchtung garantiert«, gemacht. »Erleuchtung garantiert« drehte ich in einem Kloster in Japan, und das war der Anfang dieser dokumentarisch fiktiven Form.

In Ihrem Lieblingsfilm von Akira Kurosawa, dem Großmeister des japanischen Films, geht es um einen Beamten der Stadtverwaltung, der eine todbringende Diagnose bekommt, der aber noch einmal etwas Sinnvolles tun möchte und einer Bürgerinitiative hilft, die sich um die

Errichtung eines Spielplatzes kümmert. Er will sie unterstützen, weil damit wenigstens irgendetwas von seinem Leben bleibt. Warum ist das Ihr Lieblingsfilm?

Weil dieser Film wirklich das Leiden sehr eindrücklich schildert, das der Mensch an sich hat, dass er nur sehr kurz auf dieser Welt ist und dass er natürlich letzten Endes sehr bedeutungslos ist. Und dieser Bürokrat – das ist eine große Kritik auch an der japanischen Bürokratie – begreift, dass es nicht darum geht, irgendwelche Formulare irgendwann mal abzustempeln, sondern um eine sehr kleine Aktion, um eine wirklich winzige soziale Interaktion. Und da geht es gar nicht so sehr darum, dass er jetzt der Menschheit etwas großartig Gutes tut: Ein paar Kinder bekommen eine Rutsche, er sitzt auf einer Schaukel ... Es gibt diese großartige Szene, wo er alleine auf der Schaukel sitzt, und es schneit, und er singt ein sehr altes japanisches Lied. Aber er für sich ist zum Menschen geworden.

Eine besondere Rolle in Ihrem Leben spielt Bob Dylan, welche Rolle z. B. spielt der Song »Changing Of The Guards« für Sie?

Ach, mit Bob Dylan habe ich natürlich eine lange Geschichte, wie fast jeder. Ende der Siebziger gab es ein großes Konzert in Nürnberg, wo alle Freunde hinfuhren und eben auch mein Freund. Und ich weigerte mich damals wirklich standhaft, weil Bob Dylan eben in Nürnberg in der doch historisch sehr belasteten großen ..., wie soll man es nennen, es ist eine Arena oder ein ...

Ja, eine sehr völkische Architektur.

Genau! Und da trat eben Bob Dylan auf, und darüber habe ich mich wirklich sehr aufgeregt. Mit der Konsequenz, dass ich nicht mitgefahren bin. Ich erinnere mich bis heute daran, wie ich dann allein zu Hause saß und nicht mehr so sicher war, ob ich es jetzt bereue oder ob ich stolz darauf bin. Und habe, während die anderen beim Livekonzert waren, »Changing Of The Guards« gehört.

Bob Dylan. Der hatte übrigens einen berühmten Gestalter, nicht aller seiner Plattencover, aber einiger, und das war Milton Glaser. Milton Glaser gründete 1968 den New Yorker, das ist nach wie vor die Zeitung, die Zeitschrift, das Magazin, das Sie begleitet.

Ja, ich lese es mit religiöser Inbrunst, inzwischen digital, weil sich meine Familie drüber beschwert hat, dass ich keinen einzigen New Yorker der letzten fünfundzwanzig Jahre wegwerfe. Das nimmt einfach überhand, und jetzt darf ich ihn nicht mehr als Papier lesen.

Ich habe das vorhin erwähnt, 1974 sind Sie, gerade achtzehnjährig, nach New York gegangen. Sie hatten für eine junge deutsche Regisseurin sehr schnell die Aufmerksamkeit Amerikas. Ihr erster Film in den USA war »Mitten ins Herz«. Es scheint mir ganz bezeichnend für Ihre Persönlichkeit zu sein, dass Sie sich für die Premiere einen Boxermantel gekauft haben. Ist das Ausdruck einer kämpferischen Natur?

Ja, sicherlich, aber das war natürlich auch ein bisschen Posing, weil diese Boxermäntel einfach wahnsinnig cool aussahen, und man bekam sie nur in Amerika. Damals war das ja noch so schön, dass man manche Dinge nur an einem Ort bekam und sonst nirgendwo. Und es war

halt einfach wahnsinnig cool, ich hatte auch immer diese
Boxerstiefel dazu an – das war einfach so ein Outfit, das
ich mir ausgedacht hatte.

Sie wirken – zumindest war das so, als Sie das Studio hier
betraten – wie eine Frau, die ihrer selbst sicher ist und
die um Optimismus bemüht ist, auch wenn das nur mein
erster, vielleicht oberflächlicher Eindruck war ... Aber Sie
haben immer wieder Schicksalsschläge zu ertragen gehabt, allen voran der Tod Ihres ersten Ehemannes, Helge
Weindler. Falls jemand nicht ganz in der Filmgeschichte
zu Hause ist: Helge Weindler war ein bedeutender Ka-
meramann, der, bevor er mit Ihnen gearbeitet hat, auch
mit Peter F. Brinkmann drehte. Meine Lieblingskomödie
aus dieser Zeit »Theo gegen den Rest der Welt« hat er
fotografiert, aber auch den »Schneemann« zusammen
mit Gabi Kubach.

Viel auch mit Dominik Graf.

Viel mit Dominik Graf. Was mich beeindruckt: Auf die
Frage: »Werden Sie oft an ihn erinnert?«, haben Sie geantwortet: »Immer, wenn ich Licht sehe. Also gestaltetes
Licht sehe, das ist die Ausdrucksform des Kameramanns,
das Licht, man sagt ja auch: der Licht setzende Kamera-
mann.« Aber wenn dem so ist, Frau Dörrie, werden Sie ja
immer an ihn erinnert, weil Licht immer um Sie herum ist.

Ja, so ist es auch, ja!

Amerika hat eine große Rolle gespielt, auch in dieser
Liebe, denn Sie haben in Neu-Mexiko geheiratet.

Bei den Navajos, ja.　　　　　　　　　　　　　　　**25**

Warum gerade bei denen?

Das ist auch so ein deutsches Ding: wegen Winnetou und weil die Deutschen und die Indianer vielleicht wirklich durch Karl May eine seltsame Nähe zueinander haben. Kein Indianer in Amerika hat jemals von Winnetou oder von Karl May gehört, und das kommt denen immer ein bisschen rätselhaft vor. Inzwischen haben sie sich daran gewöhnt, dass die Deutschen kommen. Und jetzt gibt es Standing Rock, und irgendwie habe ich das Gefühl, unbedingt nach Standing Rock zu müssen. Dort protestieren verschiedene Stämme gegen die Verlegung einer Pipeline durch ihr Reservat und durch wirklich alte Begräbnisfelder. Das ist ein Kampf, der da entflammt ist, der auf wirklich seltsame Art und Weise noch einmal zeigt, wie vehement die Interessen der Ölindustrie und auch die des Kapitals gegen die Ureinwohner immer wieder verfochten werden, immer wieder und immer noch. Standing Rock.

Bei Ihren Filmen fällt mir freilich nicht immer, aber doch sehr häufig auf, dass Sie eine gesellschaftliche Position beziehen.

Ja, alles sind auch immer politische Filme gewesen.

Sie lehren mittlerweile an der Hochschule für Fernsehen und Film in München. Haben Sie den Eindruck, dass junge Studenten, denen Sie Drehbuch oder auch Regie beibringen, auch diesen gesellschaftlichen Ansatz haben?

Was ich dort beobachte, ist, dass die Distanz sehr groß geworden ist und dass die Studenten insgesamt sich eher vor dem direkten Kontakt fürchten. Ich habe sie z. B. in einem Seminar zwangsverpflichtet, sie mussten dann wirk-

lich Klamotten für Flüchtlinge sortieren, damit sie einfach Kontakt auch zu Themen bekommen, die erzählt werden müssen. Sie konnten sich nicht zurückziehen; Sicherheit ist ein wichtiges Thema heute. Und natürlich ist man hinter einem Computer erst mal sehr viel sicherer, als wenn man sich hinauswagt. Doch es gibt auch andere, die da ganz anders drauf sind. Aber bei der Mehrheit spielt die Sicherheit schon die größte Rolle. Ich bin der Überzeugung, dass gerade da auch eine große Gefahr liegt. Wir sollten uns bemühen, direkt miteinander zu kommunizieren und auch Streit auszuhalten und Kompromisse versuchen zu finden, statt uns immer nur in unserer Blase zu bewegen, die uns ständig das zurückspielt, was uns sowieso schon gefällt.

Jetzt unterrichten Sie ja Studentinnen und Studenten, und Sie haben immer wieder Position bezogen, wie unterschiedlich Männer und Frauen im Berufsleben sind. Von Ihnen stammt der Satz, korrigieren Sie oder ergänzen Sie mich, wenn ich es falsch sage, dass Männer vielleicht spielerischer mit Konflikten umgehen, aber letztlich auch feiger.

Ja, Männer sind es sehr viel mehr gewöhnt, abgewiesen zu werden. Das fängt mit dem ersten Flirt an, mit dem ersten Mal fragen: »Gehst du mit mir?«, oder was immer, um dann einen Korb zu bekommen. Das ist eine männliche Erfahrung, die Frauen so nicht haben.

Interessanter Gedanke. Und das stählt fürs Leben?

Es stählt fürs Leben, sich zunächst mal zu trauen. Und wenn sie dann sagt, nee, dann hat man eben Pech gehabt. Das machen Frauen nicht so. Sondern wir schlagen erst zu, wenn wir uns relativ sicher sind, dass das auch funk-

27

tioniert. Und das ist im Beruf eher hinderlich. Man muss schon das Risiko eingehen, dass man eine Schlappe erleidet oder dass man scheitert, das ist schon sehr wichtig, das muss man auch üben, das muss man lernen.

Das hieße aber in der Verlängerung Ihres Gedankens, dass Männer, die besonders aus der Frauenperspektive heraus unattraktiv sind, also viele Körbe bekommen haben, im Beruf dann später Anlass zum Optimismus geben.

Ja, darüber muss man mal nachdenken und sich solche Exemplare vorknöpfen. Das könnte gut sein, oder? Wenn wir uns erfolgreiche Männer anschauen, die attraktiv sind …

Sind Sie eigentlich für die Frauenquote?

Ich habe zähneknirschend eingewilligt mitzumachen, weil ich das sonst nicht verantworten kann. Denn ich bilde mehr als fünfzig Prozent Frauen aus, im Drehbuch-,»Creative Writing«-Studiengang. Und am Ende arbeiten nur fünfzehn Prozent als Regisseurin und Autorin, und das geht nicht, das geht einfach nicht! Also, das müssen wir ändern, das ist eine ganz einfache Frage der Gleichberechtigung und der Gerechtigkeit. Und wenn wir es nicht von alleine hinkriegen, dann brauchen wir so was Blödes wie die Quote.

Lassen Sie uns bitte noch einmal in Ihre Jugendzeit zurückgehen. Was ich bemerkenswert finde: Sie haben sich immer mal wieder und auch gerne geprügelt.

Ja, früher.

Früher, ja. Es sagt ja doch etwas aus, dass Sie Neonazis verprügelt haben oder Bauarbeiter, die eine junge Frau provozieren wollten und ihr eine tote Taube aufs Auto gelegt hatten.

Ja, das klingt so, als hätte ich gewonnen, das habe ich aber nicht. Also, ich habe dann auch schwer was abgekriegt.

Na ja, gut, aber man muss ja für Mut nicht belohnt werden, dann wären wir alle mutig. Zumindest sind Sie couragiert da rangegangen.

Aber auch mit einer Portion Dummheit, denn ich habe schon irgendwann kapiert, dass, wenn Männer wirklich zurückschlagen, dass das dann nicht so schön aussieht. Also, es gibt bei Männern schon bis zu einem gewissen Grad eine Art Hemmung, Frauen wirklich zu schlagen. Aber wenn die wegfällt, wenn sie richtig zuschlagen, dann hat man als Frau schlechte Karten. Das habe ich zum Glück auch irgendwann begriffen.

Else Lasker-Schüler, die große Dichterin aus Wuppertal, hat ihrem jüngeren Lebenspartner, Gottfried Benn, gesagt: Die wichtigste Charaktereigenschaft, die der Mensch haben kann, ist Mut. Denn eine andere ist Ehrlichkeit, und um ehrlich zu sein, brauchen wir Mut. Sie sind in dem Sinne mutig, dass Sie gelernt haben, Ihre Ängste zu überwinden, immer wieder?

Das weiß ich gar nicht. Dieses Prügeln kam aus dem Gefühl der absoluten Gleichheit heraus. Ich habe es nicht einsehen wollen, dass ich als Frau nicht dazwischengehen kann, wenn Männer sich blöd verhalten. Das ist sicherlich auch ein Grund dafür, warum ich als Frau im Beruf nie so wirklich Probleme bekommen habe, weil ich das vollkommen vergessen habe. Nein, es war mir nie bewusst, dass es da überhaupt eine Ungleichheit geben könnte. Und das hat weniger mit Mut zu tun als mit einer gewissen, fast gesunden Ignoranz der Nicht-Gleichberechtigung.

Empfinde ich die Pole, zwischen denen Ihr Leben immer ein bisschen, wenn ich das so sagen darf, irrlichtert oder sich bewegt, richtig, wenn ich sie wie folgt benenne: Trost, Mut, Unbeirrbarkeit, Wissen um den Tod, aber auch ein großes Maß an Lust aufs Leben?

Ja, und auf Komik und Humor. Das betrachte ich als lebensrettend.

Sie gehen gerne shoppen?

Ich gehe wahnsinnig gerne shoppen, viel zu gerne!

Auch in Japan?

Ja klar! Inzwischen habe ich es mir allerdings abgewöhnt, immer wie eine Irre Geschirr mit nach Hause zu schleppen oder auch Soßen oder selbst Reis, alles, was mir so unterkommt, von dem ich denke, dass es toll und besonders ist und ich es zu Hause zeigen muss oder damit kochen kann.

Ich fand – das ist eine ganz hübsche Geschichte –, dass Sie aufgrund einer Retrospektive Ihres Werkes, Ihrer Filme in China, dass Sie dort dann alle Nationalküchen Chinas kennenlernten …

… Ja, aber nur, weil die Retrospektive verboten wurde.

Ach, das war der Grund!

Ich war eingeladen und sollte auch Reden halten, aber keiner hatte mir gesagt, dass alle meine Filme von der Zensur verboten worden waren. Die Chinesen fanden das total normal, dass die Filme nicht liefen. Protest war völlig sinnlos. Und dann habe ich gesagt: Okay, ich will jetzt für jeden Tag, an dem ein Film gelaufen wäre, einen Kochkurs haben. Fanden die Chinesen auch total in Ordnung. So habe ich chinesisch kochen gelernt.

Und das darf ich mir wie vorstellen? Das heißt, wie viele Filme wurden verboten?

Sechs.

Das heißt, Sie haben sechs verschiedene chinesische Nationalküchen gelernt?

Ja, und auch von Provinzen, von denen ich zuvor nie gehört hatte, so z. B., wie man in Yúnnán kocht, das hatte ich vorher noch nie gegessen. Es war hochinteressant. So muss ich sagen: Mein Mann hat sich auch sehr darüber gefreut, dass die Zensurbehörde so streng war und alle Filme verboten hatte. Aber natürlich ist es eigentlich eine Katastrophe, und die Zensur in China wird auch immer schlimmer, strenger und rigider. Leider interessiert es uns in Europa nicht so sehr, weil unsere ökonomischen Interessen in China so stark sind.

Dr. Mathias Döpfner, der Vorstandsvorsitzende von Axel Springer, hat neulich in einem Aufsatz gesagt: »Es fehlt die Empörung der bürgerlichen Mitte.«

Ja, sicherlich, ganz bestimmt! Nur ist die Empörung eben auch wahnsinnig anstrengend. Ich war jetzt oft demonstrieren gegen Pegida. Und irgendwann wird es einem auch mal zu kalt, oder man hat einfach keine Lust mehr, weil man immer dasteht wie der letzte Depp und versucht, dagegenzuhalten, und die anderen, die größeren Deppen ja auch nur dastehen und immer dasselbe machen. Man hat nicht das Gefühl, dass irgendwie ein Dialog möglich wird oder irgendwas weitergeht durch diesen Protest. Also, das finde ich im Moment auch sehr bedenklich, weil ich denke wie Döpfner, die Mitte muss sich empören, wir müssen zusammen wieder Formen von Protest finden, die lebendiger und auch attraktiver sind. Er war früher sehr attraktiv, die Achtundsechziger Proteste sind natürlich auch deshalb passiert, weil es wahnsinnig cool war, auf die Straße zu gehen. Weil man sich da eben auch kennengelernt hat – die Liebe und die Achtundsechziger hatten sehr viel miteinander zu tun. Und so eine lustvolle Bewegung gegen Pegida, gegen die Rechten, gegen Populismus wünschte ich mir.

Haben Sie das Gefühl, dass unsere westlich beeinflussten Gesellschaften ermüdet sind?

Ja, das merke ich auch an mir, wie ich gerade versucht habe zu beschreiben. Wie oft gehe ich denn demonstrieren? Gegen Pegida war ich inzwischen zwölf bis fünfzehn Mal auf der Straße, und irgendwann werde ich dann müde. Das ist sicherlich ein Phänomen, das wir alle oder die meisten von uns im Moment kennen. Und da müssen wir uns immer wieder am Schopf packen und uns aus dieser Lethargie reißen, es geht um sehr, sehr viel, um wahnsinnig viel im Moment. Deshalb müssen wir lustvoll demonstrieren. Ich weiß zwar auch im Moment nicht, wie das gehen kann, aber das müssen wir wieder neu erfinden.

Oder einfach dem Menschen ins Gedächtnis rufen, dass für die Freiheiten, die wir haben, Generationen vor uns gestorben sind.

Ja, das ist jetzt der dramatische Ansatz. Und der zieht nicht so gut, glaube ich. Ich glaube, was viel mehr zieht, ist, wenn es einfach Spaß macht, unsere Rechte zu verteidigen, wenn wir darauf pochen, dass es mehr Spaß macht, frei zu sein, seine Meinung sagen zu können, Dinge machen zu können, die vielleicht nicht jedem gefallen. All dieses wirklich lustvolle Potenzial sollten wir noch einmal versuchen auszuschöpfen oder neu zu erkunden.

Wir reden zum Abschluss unseres Gespräches noch einmal über diese Doppelbegabung, die Sie haben. Sie inszenieren ja nicht nur Filme, Sie inszenieren auch Opern, Sie haben »Cosi fan Tutte« mit Daniel Barenboim inszeniert, Sie haben »Turandot« mit Kent Nagano inszeniert, Sie haben »Rigoletto« mit Zubin Mehta inszeniert, Sie machen Filme, Sie schreiben Bücher. Und der große Vorteil an Büchern ist, dass diese Geschichten nichts kosten. Ein Film kostet sehr viel Geld, und eine Oper-Inszenierung eben auch. Haben Sie erst einen Stoff und überlegen Sie dann, aus dem mache ich einen Film oder ein Buch, je nach wirtschaftlicher Notwendigkeit oder nach wirtschaftlichem Bedarf? Oder gibt es von vornherein die Entscheidung, das ist eine Erzählung, und die wird nie verfilmt, und das wird ein Drehbuch, aber nie ein Buch?

Ich bin da nicht so streng, ich mache nicht so große Trennungen von vornherein, sondern die Dinge entwickeln sich. Manche Charaktere, die ich erfinde, wollen unbedingt zum Film, und dann wird es eben ein Drehbuch. Andere eher nicht, und dann bleibt es Prosa. Bei manchen Themen weiß ich, auch das muss ein Film sein, also zum Beispiel bei Fukushima, da stand ich in dieser Katastrophenzone und wusste, darüber will ich filmisch etwas erzählen. Das variiert aber sehr stark; und ich fange viel an, bei dem ich nicht so recht weiß, wo es genau hingehen soll.

Interessant finde ich die Anekdote, dass Sie Kurzgeschichten geschrieben haben, um Drehbuchschreiben zu lernen.

Ja, Drehbuchschreiben wurde damals an der Filmhochschule überhaupt nicht unterrichtet, und jeder sollte sich das irgendwie selber beibringen. Ich habe das eben über den Weg der Kurzgeschichte versucht, weil ich in der Kurzgeschichte die Personen von innen beschreiben konnte, sie also innerlich kennenlernen konnte. Das Drehbuch beschreibt ja immer sehr von außen, was ich mir als Formprinzip zugelegt hatte. Und dann hat mich zum Glück irgendwann ein Verleger, der beste deutschsprachige Verleger überhaupt, Daniel Keel vom Diogenes Verlag, gefragt, ob ich diese Geschichten veröffentlichen wollte. Dass war also der Anfang dessen, dass ich Prosa und Drehbücher getrennt habe. Mein Verleger ermunterte mich auch sehr stark, wirklich zu schreiben, Literatur zu schreiben.

Sie haben ganz am Anfang des Gesprächs Ihren Vater, der Arzt war, beschrieben als einen Handwerker und gesagt, als Arzt zu arbeiten sei auch ein Handwerk.

Ja, Handwerker deshalb, weil früher Ärzte ihre Patienten noch angefasst haben, wirklich die Hand aufgelegt und geschaut haben, was mit ihnen los war. Das hat eine große Rolle gespielt; außerdem hat es etwas sehr Beruhigendes, wenn ein guter Arzt einen wirklich anfasst. Inzwischen ist es ja eher so, dass man zum CT oder MRT geschickt wird.

Gerätemedizin.

Gerätemedizin. Aber im Ursprung hat Arztsein sehr viel mit Händen und eben mit Handwerk zu tun.

In diesem Sinne, Drehbuchschreiben, oder das Schreiben generell, ist das ein Handwerk?

Ja, das habe ich aus Amerika damals mitgebracht; es hat mich sehr beeindruckt, dass vieles in Amerika als Handwerk betrachtet wird, was bei uns als Geniestreich oder Kunst gesehen wird, die man nicht erlernen kann. Und da gehört bei uns das Schreiben immer noch dazu, dass man denkt, na ja, man ist entweder Thomas Mann oder man ist es nicht. Und diesen amerikanischen Ansatz, alles bis zu einem bestimmten Grad auch erlernen zu können, finde ich sehr positiv. Denn das Drehbuchschreiben ist ja letzten Endes eine Gebrauchsanweisung, da kann man vieles auch wirklich lernen. Am Ende braucht man auch Talent, aber davon braucht man lange nicht so viel wie vom Handwerk, glaube ich.

Der Verleger Kurt Wolff, der Verleger von Franz Kafka, hat mal gesagt: Es gibt Verleger, die Bücher machen, die Leser lesen wollen. Und es gibt Verleger, die Bücher machen, die Leser lesen sollen. Und er fühlte sich natürlich der letzten Kategorie verbunden.

Diogenes ist genau das andere: Bücher, die Leser lesen wollen. Das war immer das Credo dieses Verlags. Und das entspricht auch mir sehr, dass man etwas macht, weil es

Spaß macht. Und dieses ›Sollen‹ ist natürlich sehr didaktisch und sehr, ja, vielleicht auch wieder sehr deutsch: Du sollst das lesen! Bei mir ist die Reaktion immer sofort: Nee, ich soll gar nix! Bücher, die sie lesen müssen: Da denke ich immer, nö, ich muss gar nix!

Und nur so ist es zu erklären, dass Sie immer wieder sagen, das öffentlich-rechtliche Fernsehen sollte nicht nach der Quote gucken, sondern nach dem Anspruch oder ausschließlich nach dem Anspruch.

Anspruch klingt auch immer gleich so schwierig ...

Kommt von »ansprechend«.

Ja, kommt eigentlich von »ansprechend«, aber das Gefühl, das man dabei hat, ist immer gleich: Ui, soll ich wieder was lernen! Das meine ich nicht damit, sondern ich meine schon auch wieder etwas Lustvolles, dass Dinge auch schiefgehen dürfen. Man probiert etwas, man erzählt neu und anders und denkt sich andere Formen aus, wie man erzählen könnte, und versucht, nicht immer wieder dasselbe zu bedienen, weil es einmal Erfolg hatte! Wir haben uns inzwischen angewöhnt, Erfolg immer als Maßstab für Qualität zu sehen. Das ist kompletter Humbug. Wenn etwas Erfolg hat, heißt es noch lange nicht, dass es gut ist.

Kommen wir zurück zur Musik. Sie mögen van Morrison, den großen irischen Musiker.

Auch schlecht gelaunt wie Bob Dylan.

Ist er immer schlecht gelaunt?

Oh, van Morrison ist immer schlecht gelaunt.

Ach guck, das wusste ich nicht. Besonders mögen Sie: »Everything's an Illusion« ...

Ja, aber auch dieses »Chop wood and carry water«, also wirklich sich damit zufriedenzugeben und das dann wirklich auch zu machen, das Karottenschälen und Reiskochen und Wasser tragen.

Sie haben mich aufmerksam gemacht auf einen Mönch aus dem dreizehnten Jahrhundert, einen Zen-Meister, einen Zen-Mönch, der Dogan heißt. Ich habe ihn durch Sie kennengelernt. »Jeder Tag ist ein guter Tag«, hat er gesagt. Leben Sie das?

Der Satz ist eine Gemeinheit, weil man natürlich immer schreien möchte: Wieso? Jetzt bin ich gerade krank und habe mir das Bein gebrochen. Oder Dinge gehen furchtbar schief, oder ich habe gerade eine grausliche Diagnose bekommen. Und das soll jetzt ein guter Tag sein? Das ist natürlich die Aufforderung, sich immer wieder darum zu bemühen, dass es ein guter Tag wird, und gleichzeitig eben auch hinzunehmen, dass ein beschissener Tag trotzdem ein Tag unseres Lebens ist. Das ist eine knallharte Zen-Devise, dieser Satz: Jeder Tag ist ein guter Tag.

Passt zu meinem Zen-Satz, ich weiß nicht, ob Sie ihn unterschreiben würden, der geht so: »Entweder man siegt oder man lernt.«

... da müsste ich jetzt drüber nachdenken. Ja, oder man sitzt einfach nur still, und das Gras wächst von selbst.

Und damit sind wir am Anfang des Gespräches, das Doris Dörrie mit dem Satz eingeleitet hat: »Wir sind im Grunde zu selten nutzlos im Gras sitzend.«

Sinn- und nutzlos.

Vielen Dank, liebe Doris Dörrie, dass Sie mein Gast waren!

Es gibt nur wenige Menschen, die mich durch meine gesamte Produzenten-Karriere begleitet haben. Veronica Ferres gehört dazu. Ich hatte sie durch Helmut Dietl kennengelernt. Ich arbeitete für die Werbeagentur Troost Campbell-Ewald in Düsseldorf; Helmut tauchte da häufiger auf. Es ging immer wieder um Commercials, Werbespots. Der Kontakt vertiefte sich, wir saßen immer häufiger bei seinem Italiener in Schwabing. Er dachte darüber nach, Napoleons Leben zu verfilmen; wir diskutierten darüber, ich schenkte ihm daraufhin meine umfangreiche Napoleon-Bibliothek. Aus dem Projekt wurde nie etwas. Sei es drum. Das Romagna antiqua: Helmut hielt Hof. Er war auf dem Höhepunkt seiner künstlerischen Arbeit. Die Menschen, die dort hinkamen und ihn umgaben, schätzten sich glücklich, zu seinem Team, seinem Freundeskreis, seinem Bekanntenkreis zu gehören. Man unterhielt sich, man unterhielt ihn. Er saß an seinem Tisch, auf seinem Stuhl, rauchte viel, trank viel, sprach wenig, bewegte sich langsam. Er wusste um die Gesetze der Macht, die Rituale, die damit einhergehen.

In diesem Ambiente begegnete ich zum ersten Mal Veronica Ferres. Sie saß ein wenig schüchtern unter all diesen Menschen, ungläubig staunend. So schien es mir. Vielleicht waren die unzähligen Abende dort für Veronica der Crashkurs für diese Branche, die in Amerika nicht umsonst »Unterhaltungsindustrie« oder einfach nur »the industry« heißt. Bewahre Dir die Sensibilität, die Durchlässigkeit für Deine Arbeit als Schauspielerin, aber packe sie gut ein. Den Panzer aus Arroganz und Unberechenbarkeit brauchst du. Alles andere ist Theorie.

Vor dieser Veronica, die eines Tages in Solingen aufbrach, um die Welt (ja, die Welt!) zu erobern, habe ich tiefen Respekt. Ich habe all ihre Filme gesehen, die gelungenen, die weniger gelungenen, die Meisterwerke. Es gibt bei ihr nie eine Distanzierung zur Figur, die sie spielt. Sie ist loyal, tapfer und enorm hart gegen sich selbst. Als ich vor ein paar Jahren mit ihr »Mein Mann, ein Mörder« für das ZDF produziert habe, war ich nicht nur von ihrer Arbeitsauffassung fasziniert, sondern auch von ihrer Empathie beeindruckt. Sie schont sich nicht, dreht bei Wind und Wetter, Kälte und Sturm, bis Regisseur und Produzent glücklich sind. Sie kommt krank zum Set, kennt schnell die Vornamen aller (!) Kollegen, hat keine Allüren und verfügt über einen feinen Humor. Als sie für diesen Film sowohl eine großartige Einschaltquote einfuhr als auch hervorragende Kritiken bekam, rief sich mich an und kämpfte mit den Tränen. Sie war gerührt, überwältigt.

Das war sie nicht gewohnt. Das deutsche Publikum mag sie zwar, liebt sie aber nicht, die deutsche Presse arbeitet sich an ihr ab. Die falschen Männer werden ihr attestiert, zu viele Werbeaufträge geneidet. Sie ist wie Til Schweiger zu weit oben, um Wertschätzung zu erfahren, zu sehr ein massentauglicher Star, um von der Kritik respektiert zu werden.

Wenn ich an ihre Besuche in der NDR-Talkshow denke ... Sie brachte sich mit. Sie wartete nicht darauf, dass man sie wachküsste. Sie »lieferte ab«. Sie weiß, was das Publikum erwartet. Und dann war sehr häufig nach der Show, wenn die Ferres schon im Wagen Richtung Flughafen oder ICE saß, die Verblüffung groß: wie natürlich sie doch sei, wie schlagfertig, man habe das gar nicht gedacht.

Genau so ging es Doris Schiederig, meiner NDR Info-Redakteurin von »Meyer-Burckhardts Frauengeschichten«, die dieses Format im Übrigen meisterlich betreut. Wir hatten das Gespräch in München beim Bayerischen Rundfunk aufgezeichnet. Veronica erschien auf die Minute pünktlich zu diesem Gespräch, setzte der nüchternen Atmosphäre des BR-Hochhauses in der Münchner Arnulfstraße ihre Herzlichkeit, ihre Spritzigkeit, ihren Charme entgegen. Sie war zum Niederknien.

Und Doris Schiederig ist seitdem ausgesprochen angetan von ihr. Ich war es schon immer, seit unserer ersten Begegnung. Und das hat nichts damit zu tun, dass sie die besten Bratkartoffeln der Welt macht.

»ICH MUSSTE VIEL KRAFT DARAUF VERWENDEN, MICH FREIZUSCHWIMMEN.«

Wir haben heute einen besonderen Gast. Herzlich willkommen, Veronica Ferres. Ich freue mich sehr. Veronica, heute ist Sonntag. Welche Bedeutung hat für dich der Sonntag?

Da ich aus einem katholischen Haushalt stamme, war der Sonntag für mich natürlich immer mit einem Kirchgang verbunden, den ich, seitdem ich die Volljährigkeit erreicht habe, ab und zu auch mal ausfallen lasse. Ansonsten heißt Sonntag für mich wirklich: Am siebten Tage sollst du ruhen, dich entspannen, ausschlafen, spät frühstücken, wunderbar in Ruhe alle Zeitungen lesen, auf die du Lust hast, mit der Familie sein, wunderschön kochen, spazieren gehen. Also so ganz das Bürgerliche, Langweilige ...

Du sprachst gerade von deiner Kindheit, Veronica, damals noch mit einem K, Maria Cäcilia Ferres. 1965 als Tochter des Kartoffelhändlers Peter Ferres (verstorben am 17. April 2015) und seiner Frau Katharina in Solingen geboren. Was war das für ein Elternpaar?

Ich habe meinen Vater gerade am letzten Wochenende in Solingen besucht und war da auch auf dem Wochenmarkt am Kartoffel- und Gemüsestand meines Bruders Herbert, der die Firma übernommen hat. Meine Eltern waren ein ungewöhnliches Paar. Sie haben drei Kinder großgezogen, ich war das Nesthäkchen und hatte zwei ältere Brüder, Peter und Herbert. Meine Eltern führten für die damalige Zeit eine ungewöhnliche Ehe. Meine Mutter verdiente immer selbst ihr Geld, stand auf eigenen Beinen, hat ihre drei

Kinder großgezogen, ist jeden Morgen mit dem schweren Anhänger auf den Kartoffelmarkt gefahren.

7,5-Tonner, wie ich weiß.

Richtig. Und all das hat sie ganz alleine gemacht, nur mit ein paar Helfern zum Säckeschleppen. Ich erzähle mal ein Beispiel, dann weißt du ein bisschen, wie meine Mutter war. Ich kam um 13:24 Uhr am 10. Juni 1965 auf die Welt. Um 12:45 Uhr stand meine Mutter noch am Kartoffelstand und hat die Zehnpfund-Tüten über den Stand gereicht. Damals bekam man halt ein Kind, das war keine Krankheit, das war ein Glücksfall, das war etwas Großartiges. Und innerhalb einer Stunde war ich auf der Welt und eine Woche später die Mama wieder auf dem Markt. Trotzdem hat sie uns vorbildlich versorgt. Jeden Abend wurden die Sachen rausgelegt für den nächsten Tag, und es war immer vorgekocht. Ich musste dann, als ich aus der Schule kam und gerade über den Herd schauen konnte, immer als Erstes den Tisch decken und für die Großfamilie das Essen aufwärmen. Als ich älter wurde, durfte ich meine eigenen Kochexperimente durchführen, was dazu geführt hat, dass ich heute immer noch, wenn ich für die Familie koche, viel zu viel mache von allem.

Eine fortschrittliche Frau.

Ja, für ihre Zeit sehr fortschrittlich.

Der Vater war, sagtest du mal an anderer Stelle, sehr gebildet.

Ist sehr gebildet, mein Vater lebt zum Glück im vierundachtzigsten Lebensjahr, hat gerade eine schwere Krebs-

geschichte hinter sich und gut überstanden, er scheint sieben Leben zu haben. Es ist unglaublich, was er alles meistert und schafft in seinem Leben. Dazu hat mein Vater eine unglaubliche Liebe zur Literatur, zur Musik, zur Musikgeschichte. Er ist derjenige, der mir den musischen, künstlerischen Teil in meinem Leben mitgegeben hat. Und meine Mutter sicherlich das Temperament, die unglaubliche Kraft, die sie hat. Sie scheint etwas ganz Besonderes an sich zu haben ... Sie stand auf dem Wochenmarkt, und die Leute sind zu ihr gekommen, und zwar nicht nur Männer, sondern überhaupt die Leute sind zu ihr gekommen und haben bei ihr für das Pfund Kartoffeln zehn Pfennig mehr bezahlt als am Nachbarstand. Aber sie kauften nur bei ihr. Weil sie einfach 'ne Show war, einzigartig, Therapeutin, Eheberaterin, Beichtmutter, Freundin ... Sie hat die Leute aufgemuntert und ihnen Alltagstipps gegeben.

Was für eine Parallele! Kluge Produzenten zahlen für dich auch etwas mehr, weil du eine bessere Schauspielerin bist. – Deine Eltern waren fest im katholischen Glauben verwurzelt. War das einengend oder hast du dich gefügt?

Beides. Ich habe mich eingefügt in ein für meine Verhältnisse schrecklich einengendes Korsett, angefangen bei den Regeln, Verboten, den Schuldgefühlen, die über die katholische Kirche uns Kindern vermittelt wurden, und den strengen Vorgaben der Eltern. Meine Mutter ist geboren in Düsseldorf-Hamm, in Kappes-Hamm, und in dem Dorf galt damals jemand, der ein Buch gelesen hat, als schwer verdächtig. Das war unheimlich. Aber es war in der Zeit so. Da war ich als Leseratte mit Liebe zur Literatur natürlich auch für meine Mutter auf eine gewisse Art unheimlich, vielleicht sogar eine Bedrohung. Trotzdem haben meine Eltern uns alle drei Kinder zum Gymnasium geschickt, uns allen drei Kindern ein Studium ermöglicht. Und nur weil ich die Chance hatte – obwohl ich aus einfachsten Verhältnissen kam –, das Abitur zu machen, konnte ich überhaupt studieren und viele Sprachen lernen. Ich drehe ja heute in Frankreich, wo ich nicht mehr synchronisiert werde, wie auch internationale Kinofilme, und habe da keine Probleme mit Sprachen. Hätte ich nur, wie das in unserer Straße, in unserem Viertel damals üblich war, die Hauptschule besucht wie die anderen Kinder alle, würde mein Leben ganz anders aussehen.

Wie?

Sparkassenlehre, denke ich.

War das die Hoffnung der Eltern?

Der Mutter, ja. Oder auch Kloster – jetzt lach nicht. Das war ihr Wunschdenken.

Reizvolle Vorstellung!

Vielleicht hätte ich auch die elterliche Firma übernommen, was sicherlich noch die spannendste Lösung oder Variante gewesen wäre. Mein Bruder Herbert hat katholische Theologie und Philosophie studiert, in Bonn und Tübingen, er hat das große Latinum, das große Graecum. Schließlich hat er sich trotz seines hervorragenden Studienabschlusses dazu entschieden, die Firma des Vaters weiterzuführen, weil das für ihn ›im Leben stehen‹ bedeutet, mit der Natur zu sein, mit den Jahreszeiten zu leben ...

Die Produzentin Katharina Trebitsch hat einmal gesagt, sie habe eigentlich nie gegen ihre Eltern rebelliert, nur gegen die Welt. Kannst du das für dich auch sagen?

Es gab auch eine Rebellion gegen die Eltern. Die ich durchziehen musste, um mich freizuschwimmen, um dann auch meinen eigenen Weg experimentell herauszufinden. Ich musste viel Kraft darauf verwenden, mich freizuschwimmen, und deshalb bin ich mit siebzehn, direkt nach dem Abitur, nach München gegangen. Ich hatte damals die Möglichkeit, Medizin zu studieren, und auch einen Studienplatz.

Du hast im Krankenhaus gearbeitet.

Im Städtischen Klinikum Solingen sechs Wochen lang ein Praktikum gemacht.

Und zwar inklusive Bettpfanne.

Ja natürlich. Und ich war auf der Inneren Station und habe es nicht verkraftet, dass zwei alte Damen, die ich in dieser Zeit sehr lieb gewonnen hatte, gestorben sind – eine in meinen Armen. Ich hätte diesen Job auf Dauer emotional, seelisch nicht geschafft, weil ich mich nicht genug abgrenzen kann, was auch heute noch mein Problem ist.

Veronica, du weißt, jede meiner Gästinnen darf sich drei Songs aussuchen und mitbringen, Songs, die das Leben des jeweiligen Gastes beeinflusst haben. Nun beobachte und begleite ich, das darf ich wohl sagen, das Leben der Veronica Ferres einige Jahre. Mich hat immer beeindruckt, mit welchem Enthusiasmus und welcher Klarheit du gesagt hast: Das ist mein Leben! Denkt, was ihr wollt! Und dazu passend hast du einen Song ausgesucht

von Jon Bon Jovi: »It's my Life«. Hast du Jon Bon Jovi
mal getroffen?

*Ja, habe ich tatsächlich mal. Das ist bestimmt schon acht
Jahre her, und zwar war ich da im Sommer im ausverkauf-
ten Olympiastadion, und es war großartig, ihn dort auf der
Bühne zu erleben. Auch diesen Song, in dem er sagt »now
or never« – das hat ganz viel mit mir zu tun. Mein Leben
ist auch: Geht nicht, gibt's nicht.*

»My heart is like an open highway« heißt es in dem Song.
Ich bewundere den Enthusiasmus und die Kraft, mit der
du deine Karriere vorangetrieben hast. Denn das sah am
Anfang nicht gut aus. Die Eltern, wir haben es gerade gehört, waren nicht so hocherfreut, dass du den Beruf der
Schauspielerin ergreifen wolltest. Die Schauspielschulen,
bei denen du dich beworben hattest, brachen auch nicht
alle in Begeisterungsstürme aus.

*Erst einmal wurde ich von meinen Eltern erwischt, als ich
bei Pina Bausch – die mich sehr geprägt hat – an den Wup-
pertaler Bühnen hospitierte. Da war ich dreizehn, vierzehn
und wurde dabei erwischt, dass ich nicht in der Schule war,
sondern in der Nachbarstadt. Das hatte schwere Konse-
quenzen. Und mit den Schauspielschulen war es so, dass
ich, als ich siebzehn war, an einem Kölner Theater gespielt
habe, auf einer ›Experimentierkeller-Theaterbühne‹. Dort
tanzten und spielten wir szenische Collagen von Max Ernst.
Ich möchte es heute nicht anschauen, zum Glück gibt es,
glaube ich, davon auch keine Aufnahmen, es muss schrecklich gewesen sein. Aber da gab es einige Stimmen, nicht nur
im Publikum, sondern auch von den Theaterleuten, die gesagt haben, dass ich da weitermachen muss. Dann erarbei-
tete mein damaliger Deutschlehrer mit mir die Rollen zum*

47

Vorsprechen für die Schauspielschule. Ich bekam so viel Resonanz, dass ich immerhin von ungefähr tausend Bewerbern bei den letzten dreißig war, und das von zwölf Schulen. Schließlich hat es aber aufgrund meiner Körpergröße nie gepasst. Mir wurde gesagt: Mit Ihrer Körpergröße werden Sie ein Sozialfall, lassen Sie es, das bringt nichts. Und dann bekam ich eine solche Wut, dass ich mich entschied: Ihr habt mir das Talent attestiert, und es ist meine Berufung, Geschichten zu erzählen, die Menschen emotional zu berühren, sie zu ermutigen, an die Kraft ihrer Träume zu glauben. Dafür bin ich hier unten da. Ich bekam eine solche Wut, dass ich beschloss, den Medizinstudienplatz nicht anzunehmen, sondern den Theaterstudienplatz in München. Ich erlernte erstmal den theoretischen Unterbau: Theaterwissenschaften, Dramaturgie, Theatergeschichte, Filmgeschichte, Rollenanalyse und Psychologie im Nebenfach.

Germanistik.

Germanistik, natürlich, die Literatur im Nebenfach, und Psychologie, um die Menschen zu erforschen, ihr Innenleben, wie sie funktionieren, wie ich selber funktioniere. Das war mein Weg. Relativ schnell spielte ich dann bei Walter Bockmayer »Die Geierwally«, hatte bei Werner Herzog ein Praktikum und war im Anschluss beim Professor August Everding, der eigentlich den Grundstein meiner Karriere gelegt hat.

Und wann war die Zeit, in der du noch in der Kneipe gearbeitet hast, wo du, wie ich weiß, Leberwurstgläser etikettieren musstest? Wann war das, als du einen Jonglierball geöffnet hast? Wenn die Geschichte stimmt. Um den Reis, der sich im Jonglierball befand, in einen Kochtopf zu werfen, weil du Hunger hattest.

Genau, von diesen Jonglierbällen habe ich zwei Tage gelebt. Am dritten Tag kam dann ein Anruf, dass ich eine kleine Filmrolle habe. So konnte ich die Miete wieder zahlen und weiterleben. Das war die Zeit, als ich in München-Schwabing gewohnt habe, am Milbertshofener Platz, bei den BMW-Werken, im Griechen- und Türkenviertel, in einer Fünf-Frauen-WG. Es war schrecklich ...

Hast du noch Kontakt zu der einen oder anderen?

Ja, da sind gar keine Berührungsängste, was auch wunderbar ist. Später bin ich ins Studentenviertel gezogen und jeden Morgen mit dem Fahrrad eine halbe Stunde rein- und abends wieder rausgefahren. Das waren die Jahre zwischen '83 und '86/87, als ich studiert habe an der Uni, als ich im Keller in Kleintheatern spielte, als ich mich nur über Wasser halten konnte durch Jobs, durch Fließbandarbeit, durch Plakate kleben, durch Nachhilfestunden in Sprachen. Zu der Zeit habe ich auch synchronisiert und damit etwas Geld verdient, auch mit Statistenrollen in Filmen. Und dann die »Geierwally« und beim Everding zu spielen, das waren schon Highlights.

Und konntest du da schon leben von dem, was du getan hast auf der Bühne?

Bei der »Geierwally« habe ich wohl hundert Mark bekommen pro Aufführung. Ich hatte damals einen kleinen Fiat Panda 45, da passten das Bühnenbild rein und meine beiden Kollegen, ich bin gefahren. Ich musste den Sprit selber zahlen, die Autoreparaturen, das Essen, die Reisen, Hotels. Wir haben das Stück dreihundertdreiunddreißig Mal gespielt ... Ja, ich konnte mit meinen bescheidenen Ansprüchen davon leben. Und wenn nicht, bin ich halt jobben gegangen.

Es folgten dann Engagements in Düsseldorf, im Landestheater Coburg, die Reihenfolge wird nicht korrekt sein. Was ich zauberhaft finde und ich nicht wusste – erst durch die Recherche zu diesem Gespräch herausgefunden habe –, ist, dass du ernsthaft erwogen hast, dir einen Künstlernamen zuzulegen, und deshalb einen Spaziergang über einen Friedhof gemacht hast. Du magst die Geschichte oft erzählt haben, mir war sie neu.

Ich habe sie nicht so oft erzählt, aber in der Nähe der Uni gibt es diesen wunderbaren Friedhof, den alten Nordfriedhof, der insofern nicht mehr intakt ist, als dort seit vielen Jahrzehnten schon keine Beerdigungen mehr stattfinden. Und in diesem ›Park‹ mit wunderschönen alten Skulpturen liegen im Sommer die Studenten und bräunen sich, oben ohne, oder machen Picknick. Also mehr ein Festplatz als ein Trauerort. Und genau dort bin ich immer laufen gegangen, spazieren gegangen, habe meine ersten Texte für die Keller- und Kleintheater gelernt. Dort gab es einen Grabstein, auf dem ›Lina Kiliani‹ stand, das war die Gattin, ich glaube, eines königlich-bayerischen Hoflieferanten. Diesen Namen fand ich so schön und träumte für mich: Wenn du irgendwann mal bekannt werden solltest und um deine Privatsphäre zu schützen, nennst du dich Lina Kiliani.

Das einzige Zugeständnis, das du, glaube ich, gemacht hast bezüglich deines Namens: Du hast das K durch ein C ersetzt.

Genau: Veronica. Ich wurde ja quasi über Nacht sehr schnell sehr bekannt, und da war es einfach am nächsten Tag zu spät, den Namen noch zu ändern. Das war durch den Oskar-nominierten Film von Helmut Dietl, »Schtonk«.

Eine kleine Spinnerei wollte ich mir einfach erlauben. Und da meine Träume ja nie enden – ich habe ja eben schon von der Kraft der Träume gesprochen, die mir so viel bedeutet –, veränderte ich das katholische Veronika mit K in ein modernes Veronica mit C, für den Fall, dass ich irgendwann mal internationale Filme drehen sollte. Du siehst, der Größenwahn steht mir gut. Mir schien es einfacher, mich in einem internationalen Cast mit C zu schreiben.

Na ja, und jetzt sind es, wenn ich richtig gezählt habe, nahezu fünfzehn oder sechzehn englischsprachige Filme geworden. Ich komme nun zu einem weiteren Song, den du dir gewünscht hast. Aerosmith, »I Don't Want to Miss a Thing«. Was verbindest du mit dieser im besten Sinn atemberaubenden Schnulze, die ich auch sehr mag.

Das ist ein großartiger Liebessong, er ist so unglaublich schön und handelt davon, im Augenblick zu leben. Und da ich genau das tue – deshalb bin ich auch leicht chaotisch, meine Freunde sagen: schwer chaotisch –, ich lebe und bin sehr emotional, intuitiv, lebe sehr im Augenblick. Das genau drückt dieser Song aus: in vollen Zügen genießen, den Menschen, den man liebt, einatmen, inhalieren, sich vergessen, loslassen und einfach Gott und die Liebe spüren.

Veronica, das Lied liebst du sehr. Du hast mir, während der Song lief, anvertraut, dass du es bei deiner …

… liebend gerne bei meiner Beerdigung spielen lassen möchte.

Sieh mir bitte nach, wenn ich das als Stichwort nehme: 1999, nachdem du Filme gemacht wie »Der Unsichtbare«, 51

»Die zweite Heimat« von Edgar Reitz, in Helmut Dietls »Schtonk« warst du dabei, du hast bei Sönke Wortmann »Das Superweib« gemacht, »Rossini«, die »Late Show« zusammen mit Gottschalk. Du hast also sehr viel gearbeitet. Und plötztlich kam für dich ein bitterhartes Jahr, du hattest eine Hirnhautentzündung, lagst zehn Tage im Koma und hattest eine Nahtoderfahrung. Beeinflusst eine solche Erfahrung die Arbeit auch dahingehend, dass sie die Rollenauswahl verändert?

Ja, eine solche Erfahrung verändert alles. Es war ein Tropenvirus, eine enzephalitische Meningitis, es war wirklich ernst. Und die Wochen danach: Ich konnte nicht mehr sprechen und nicht mehr gehen, all das musste ich wieder lernen, monatelang in einer Reha-Klinik.

Auch sprechen?

Ja.

Für eine Schauspielerin das Schlimmste.

Ich werde nie vergessen, wie ich aufgewacht bin, und meine Eltern standen am Fußende des Bettes, ich wollte etwas sagen, aber es funktionierte nichts, und ich war in Not, denn ich wollte reden, ich wollte mich bewegen, und es ging gar nichts.

Und du hast auch nicht gewusst, dass es wieder klappen wird. Die Garantie hat man ja nicht.

Genau. Das sind schon Momente der wirklichen Einsamkeit. Und es verändert sich sehr viel danach. Ich glaube, dass ich mein Leben noch intensiver und aus vollen Zügen lebe und noch mehr im Augenblick, als ich es vorher schon getan habe.

Veronica, wenig später ist deine Mutter verstorben.

Ein Jahr später.

Unbestritten, dass das ein archaischer Moment ist, der Tod der Mutter, für jeden Menschen, aber ich meine die Frage nicht geschmacklos: Hat dich der Tod der Mutter am Ende noch mehr daran erinnert, angstfreier durchs Leben zu gehen, als du ohnehin vorher schon gegangen bist?

Das ist schön, dass du das sagst. Erst einmal hat der Tod der Mutter sehr viele Ängste aufkommen lassen, weil ich das Gefühl hatte, ihr sehr ähnlich zu sein, und weil ich in ihr einen großen Halt hatte, trotz all unserer Meinungsverschiedenheiten. Sie war mein Trapezkünstler, das doppelte Netz war weg. Plötzlich war ich allein auf dem Seil des Lebens und stand ohne Sicherung. Das hat mich zutiefst erschüttert. Ich war gerade in den Dreharbeiten von Heinrich Breloers »Die Manns« und hatte ein paar Wochen später die Selbstmordszenen der Nelly Mann zu spielen – und mein ganzes Leben wankte. Ich zog deshalb zu meinem Vater nach Solingen. Der Tod der Mutter, der für uns alle ein immenser Schock war ... und ich wusste auch gar nicht, kann man den Papa überhaupt wieder alleine lassen?

Deine Mutter war in den Sechzigern.

Ja. Und sie war im ersten Jahr des Ruhestandes, nachdem sie ein Leben lang nur hart gearbeitet hatte. Sie fehlt mir 53 *auch heute sehr. Irgendwie kann ich das immer noch nicht verstehen, obwohl es jetzt schon vierzehn Jahre her ist, dass sie nicht mehr da ist. Aber man lernt, mit Verlusten zu leben und richtet sich ein. Es ist grausam und wahr, doch das Leben geht irgendwie weiter. Die Verletzungen sind da, sie bleiben, die Wunden, und man richtet sich damit ein.*

Hat dich der Tod der Mutter zurück zum Glauben geführt?

Ich war aus der Kirche ausgetreten ...

Ja. Aber man kann ja auch mit dem Glauben, im Glauben verwurzelt sein, ohne Kirchenmitglied zu sein.

Das stimmt. Durch den Tod der Mutter und die Kraft, die uns der der Familie jahrelang verbundene liebenswerte Pfarrer gegeben hat. Die Mutter hatte einen Schlaganfall und lag auf der Intensivstation noch tage- und nächtelang im Koma, und der Pfarrer kam damals. Ich habe noch eine Nacht bei meiner Mutter am Bett gesessen und auch neben ihr gelegen, ihre Wärme gespürt und sie im Arm gehalten, obwohl sie durch den Schlaganfall schon klinisch tot war. Bei diesem unfassbar schwierigen Abschiednehmen von ihr spürte ich Gott, und ich spürte auch, dass Gott im Tod bei ihr war. Sie hat ein Leben lang nur für andere gelebt, gedacht und getan, so dass ihr Tod auch so war, wie sie gelebt hat. Sie hat uns durch die Tage, die sie noch dableiben konnte in ihrer körperlichen Anwesenheit – der Geist war schon nicht mehr da –, die Chance gegeben, wirklich Abschied zu nehmen. Wir drei Kinder, der Vater und der Pfarrer standen da und bildeten einen Kreis, ich hatte meine Mama an der einen Hand, meinen Vater an der anderen, und da war Gott so unglaublich nah und stark, dass ich danach die Glaubensprüfung gemacht habe, um wieder in die Glaubensgemeinschaft aufgenommen zu werden. Und ich habe das auch nicht bereut. Ich habe große Probleme, wie man sich denken kann, mit vielem, was in der katholischen Kirche geschieht. Trotzdem arbeite ich eng mit der Caritas zusammen und unterstütze Einrichtungen der Katholischen Kirche, die zum Beispiel Initiativen starten wie »Bau mir ein Kinderhospiz für 6,5 Millionen«. Ich helfe mit, dafür Gelder zu sammeln und war auch auf der Baustelle, habe mir das angeguckt. Die Katholische Kirche macht auch vieles sehr, sehr gut. Das ist wie in einer guten Ehe. Man sieht durchaus die Fehler des Partners und sieht sie auch sehr kritisch, und man hört nicht auf, darüber zu diskutieren und daran zu arbeiten, dass diese Fehler weniger werden. Deshalb stelle ich aber die Ehe nicht infrage.

Mein Lieblingssatz über die Ehe ist ja nach wie vor der von Anton Tschechow, der da heißt: »Wenn du die Einsamkeit fürchtest, dann heirate nicht.«

Der saß aber, Hubertus!

Oder der andere ist auch schön, von Françoise Sagan, der berühmten französischen Autorin, die gesagt hat: »Von manchen Menschen glaubt man, sie seien tot, dabei sind sie nur verheiratet.« Aber das wollen wir jetzt nicht vertiefen ... Als du in Wuppertal warst, um der Caritas zu helfen, beizuspringen, bist du einmal am Gebäude, wo Pina Bausch ihre Kompanie hat, vorbeigegangen. Hast du einen guten Gedanken an Pina Bausch in den Himmel geschickt? Bist du auf alten Pfaden gewesen, wenn man schon mal in der Stadt ist?

Doch, bin ich. **55**

Also dreizehn warst du da als Volontärin oder Hospitantin.

Ich kenne auch noch die Kneipe, in der Pina Bausch als Kind unter dem Kneipentisch der Eltern saß – die Kneipe war ganz in der Nachbarschaft –, und da war ich auch, auch jetzt am letzten Wochenende. Wo sie unter dem Tisch immer den Gesprächen der Erwachsenen, rauchenden, trinkenden Männer zugehört hat. Was sie da wohl alles mitbekommen hat, was sie geprägt hat? Das ist schon unglaublich.

Ich bin ja auch Produzent und stehe immer eisern vor meinen Schauspielerinnen und Schauspielern, weil ich finde, das ist nach wie vor ein Beruf, der große Risiken beinhaltet. Denn der Schauspieler muss auf der einen Seite hart seine Interessen durchsetzen, sonst kann er keinen Erfolg haben. Auf der anderen Seite muss er sich die Durchlässigkeit und Verletzbarkeit bewahren, die den Beruf überhaupt erst möglich machen. Für dich, Veronica, gilt das im Besonderen ... Hier komme ich zu einem Song von Rod Stewart, der genau diese Zerbrechlichkeit zwischen einem Mädchen und der Durchsetzungskraft einer Frau sehr gut zum Ausdruck bringt:»Just Like a Woman.«
Veronica, ich kenne unter deutschen Schauspielerinnen und deutschen Schauspielern nur eine einzige weitere Person, die so Gegenstand von Häme und Kritik geworden ist wie du, nämlich Til Schweiger. Erfreulicherweise seid aber ihr beide, jeder für sein Geschlecht, die erfolgreichsten.

Danke!

Wie erklärst du dir das? Woran mag es liegen, dass wir Deutschen in der Demontage der Stars einsame Weltspitze sind – nicht nur im Maschinenbau und in der Philosophie, nein, auch in der Demontage der Stars sind wir unangefochten Nummer eins. Warum?

Ich habe zeitgleich mit Til angefangen, Til drehte damals »Manta, Manta«, als ich »Superweib« gespielt habe, in der Kinokomödie hatte er eine kleine Rolle. Und wir sind damals zusammen aufgetreten bei irgendwelchen Kinopremieren. Ich weiß noch, wie wir beide in Essen in einem Szenezentrum waren und uns toll verstanden haben. Ich dachte damals, da steht ein ganz Großer neben mir, der wird einen ganz ungewöhnlichen Weg gehen. Ich habe einen unglaublichen Respekt vor ihm und seiner Arbeit, davor, was er schafft, was er auf die Beine stellt und wie unabhängig er sich gemacht hat. Und vielleicht ist es das, was manche bei mir nicht gerne sehen, vor allen Dingen auch, weil ich eine Frau bin. Hubertus, das ist noch mal schlimmer, ich sage dir das. Was ich erlebe, auch jetzt mit meiner kleinen Filmproduktionsgesellschaft... Das ist noch mal etwas anderes, wenn du als Frau unabhängig bist. Und ich lebe irgendwie das Leben meiner Mama weiter, die immer unabhängig war, selbstständig auf ihren eigenen Füßen stand. Mir ist das ganz wichtig. Ich habe eine Tochter, die ich über alles liebe, für die ich verantwortlich bin. Ich verdiene Geld für uns beide, wie ich das mein Leben lang getan habe, und ich werde immer auf eigenen Füßen stehen und unabhängig bleiben. Und habe dazu natürlich noch ein bisschen Erfolg gehabt... Das sorgt natürlich für Kopfschütteln, für Neid, für Unverständnis. Warum hat die Frau, die jetzt seit dreißig Jahren in ihrem Berufsleben steht, immer noch Erfolg? Klar gibt es bei mir auch Höhen und Tiefen, und manchmal leide ich wie ein Hund, aber ich bleibe nicht liegen, ich stehe immer wieder auf. Wenn es dann z. B. wie bei unserem Film »Mein Mann, ein Mörder« fantastische **57**

Kritiken gibt in der SZ, in der FAZ und in der taz, dann ist das für mich unglaublich schön. Und dann noch siebeneinhalb Millionen zuschauen, was absolut ungewöhnlich ist, dann jubelt es natürlich in mir, und dann sage ich mir: Hey, du musst irgendwo doch auf dem richtigen Weg sein!

Aber ich komme noch mal zurück zu Neid und Missgunst. Ich glaube, es betrifft dich gar nicht. Ich glaube, wir haben in unserer Sprache – die Sprache verrät ja viel über ein Land und über das Denken in dem Land – bestimmte Formulierungen, mit denen wir uns verraten. Ich denke an die Sixt-Kampagne, bei der man einen Porsche mieten konnte, »Neid und Missgunst für 99 Mark«. Ich denke an die Formulierung »Der oder die kocht auch nur mit Wasser«, immer mit dem Ausdruck der Erleichterung vorgetragen. Dieser Satz ist in meinem Beisein noch nie mit dem Ausdruck des Bedauerns gesagt worden. »Leider gut« hieß lange eine Sendung, eine Jazz-Sendung in der ARD. Ich glaube, es liegt sehr in unserer Mentalität, ich weiß nicht, warum, wir werden das nicht herausfinden können. Aber wir sprachen gerade von »Mein Mann, ein Mörder«, Regie Lancelot von Naso, in der Tat ein erfolgreicher Film. Reden wir jetzt von einem anderen, produziert von Markus Trebitsch, mit dem du 2007 »Neger, Neger, Schornsteinfeger!« gemacht hast, reden wir von »Das Glück der Anderen«. Worum geht es?

Es geht um das Glück an sich und um das Glück der anderen. Ich spiele eine hinreißend trottelige Standesbeamtin, die jeden Tag die Menschen am schönsten Tag ihres Lebens trifft, nämlich an dem Hochzeitstermin, und jeden Tag ungefähr zehn Paare trauen muss. Aber selber todunglücklich ist, weil sie sich immer die falschen Männer aussucht. Sie kann ohne Tabletten nicht einschlafen, ist

kaufsüchtig und muss dann irgendwann in Therapie ge-
hen, verliebt sich in ihren Therapeuten, hat eine leiden-
schaftliche Liebesaffäre, bis dieser Mann irgendwann mit
einer anderen Frau vor ihr steht und den Hochzeitstermin
besprechen will. Da bricht für sie natürlich eine Welt zu-
sammen. Dominic Raacke spielt den wunderbaren Lieb-
haber. Wir hatten ein kleines Problem beim Drehen, weil
das Bett, auf dem wir an einem Drehtag drei Liebeszenen
zu spielen hatten, immer wieder zusammenbrach. Und
ich habe immer gesagt, Dominic, du bist schuld, und er
hat immer gesagt, ich sei schuld. Die Frage haben wir bis
heute nicht geklärt. Aber das war wirklich sehr, sehr ko-
misch. Wir hatten eine schöne Drehzeit, und das war ein
bisschen ›back to the roots‹ für mich zu den Komödien,
mit denen ich angefangen habe, und es hat unglaublich
viel Spaß gemacht ...

Du hast vorhin beiläufig erwähnt, dass du auch Produzentin geworden bist. Kommen da die Stoffe zur Geltung,
die wir Produzenten dir nicht anbieten? Hast du dich
deshalb irgendwann dazu entschieden, dann mach ich's
halt selbst?

Das würde ich so nicht sagen. Du weißt ja, Hubertus, dass
ich seit über zehn Jahren schon immer so eine Nase hatte
und immer gesagt habe, jetzt lese ich ein Buch, und dann
habe ich Spaß daran, es mit Drehbuchautoren zu entwi-
ckeln. So hast du mich ja auch kennengelernt. Es gab in der
Vergangenheit, ohne diese kleine Firma, viele, viele Filme,
die durch meine Ideen entstanden sind. Und jetzt hat mir
eine kluge deutsche Fernsehfrau gesagt: Mach doch eine
Firma auf, dann bleiben dir wenigstens die Rechte! Und
das mache ich in Koproduktion mit großen oder anderen
Produzenten und mache internationale Kinofilme, deut-

sche Kinofilme, deutsches Fernsehen, und habe ganz, ganz viel Spaß an diesem kreativen Job.

Friedrich Nietzsche, deutscher Philosoph, hat den schönen Satz gesagt: »Je höher du steigst, desto kleiner erblickt dich das Auge des Neides.« Habe ich das richtig wiedergegeben?

Ich glaube ja.

Vielen Dank, Veronica Ferres!

Es war mir ein Vergnügen, hier zu sein!

Sie ist wie keine. Verletzlich, verletzend, aggressiv und doch schutzlos sich dem Leben aussetzend. Sie kämpft auch da, wo sie vermutlich verliert. Sie gesteht Fehler ein, aber das doch so selbstbewusst, als sei es ein Erfolg. So wie Anwälte eben sind. Mitunter beinhart. Und sie ist eben der einzige Anwalt, den die Literatur noch hat seit dem Tode von Hellmuth Karasek und Marcel Reich-Ranicki.

Wir haben seit ein paar Jahren ein Spiel. Wir schicken uns gegenseitig Buchstaben.

In jeder Form. Weingummis, Nudeln, Kekse. Aber auch Anspruchsvolleres: ein Hundehalsband für ihren Mops, mit dem ABC versehen, oder aufwendige Grafik-Bücher, die mit Buchstaben »spielen«. Das Ritual ist lustig und inspirierend und mitunter auch erschöpfend. Schließlich will jeder den anderen übertrumpfen mit seinem Einfallsreichtum.

Begonnen hat dieses Spiel mit einer Anekdote. In ihrer Kindheit musste Elke Heidenreich der harten vom Leben geprüften Mutter etwas entgegensetzen. Dies gelang ihr mit den Buchstaben in der gleichnamigen Nudelsuppe. (Susanne Uhlen erzählte mir später einmal in meiner Sendung, dass ihr Vater Wolfgang Kieling die gleiche Vorliebe als Kind hatte.)

Für Elke eröffnete sich durch die Buchstaben eine Welt, ein Kosmos.

Sie hat sich diesen Kosmos zum Vergnügen ihrer Leser über die Jahrzehnte erobert.

Und sie verteidigt ihn. Besucher ihrer Welt tun gut daran, zu keinem Zeitpunkt zu vergessen, wer die Hausherrin ist.

Mit ihr ein Gespräch zu führen, mit oder ohne Mikrofon, vor oder hinter der Kamera, ist bemerkenswert. Jede Frage wird in Sekundenschnelle druckreif beantwortet. Subjekt, Prädikat, Objekt. Nebensätze sind zur literarischen Erbauung zugelassen, für das zwischenmenschliche Gespräch zieht sie zwei kurze Hauptsätze vor.

Und sie ist der letzte Rocker in diesem Literaturgeschäft, die deutsche Antwort auf Keith Richards. Sie trinkt gern, ist schon eine Weile unterwegs, hat das Lachen trotzdem nicht verlernt, und wenn der liebe Gott eines fernen Tages mal anklopfen sollte, dann wird sie ihm wortreich erklären, dass das jetzt der ungünstigste Augenblick sei; sie habe zu tun.

Und vermutlich wird der liebe Gott sich eingeschüchtert zurückziehen.

Ich habe ihr neulich einmal berichtet, dass ich gelegentlich Sport treibe. Nein, sagte sie und schaute mich ratlos an, das käme ihr nie und nimmer in den Sinn. Und sie sagte das so resolut, dass ich für eine Sekunde fürchtete, unser Verhältnis sei jetzt erschüttert.

Das hätte ich mir nicht verziehen. Ich hätte den Sport sofort eingestellt.

»ICH BIN AUCH EINE KNEIPENSCHREIBERIN.«

Ich freue mich sehr, dass sie gekommen ist, Elke Heidenreich! Liebe Elke, du wolltest eigentlich unser Gespräch mit dem Thema Buchstabensuppe beginnen. Wir haben ein bisschen geprobt. Und wenn du das noch mal wiederholen möchtest ...

Ja, das ist bei Auftritten oft der Test. Wenn ich das Mikro checke, sage ich gerne:»Guten Tag!«*, manchmal auch auf Kölsch:*»Ich bin sehr froh und dankbar, dass Sie mich eingeladen haben. Ich bin hier im Maggi Kochstudio, und wir kochen heute Buchstabensuppe und legen aus Nudeln den Namen Reich-Ranicki auf den Tellerrand. Und wer das richtig schreibt, kriegt eine Heizdecke.«*

Gab es in deiner Kindheit Buchstabensuppe?

Ja, natürlich gab es Buchstabensuppe, und ich habe sie sehr geliebt. Und die gibt's auch heute noch. Ich koche sie oft, finde es herrlich und lege immer noch Namen auf den Tellerrand. Aber, unter uns, nicht mehr Reich-Ranicki.

Das wollen wir später vertiefen. Die Buchstabensuppe wurde von deiner Mutter gekocht, die keine so gute Mutter war, glaube ich.

Ich glaube, sie wollte überhaupt keine Mutter sein. Wir haben uns, als sie dann starb – darum kann ich heute völlig unbelastet darüber reden – auf der Zielgeraden zum Tod sehr gut verstanden, vertragen und ausgesöhnt. Aber du musst dir vorstellen, ich bin Anfang 1943 geboren: Welche

Frau wollte denn im Krieg ein Kind? Noch dazu in Essen, im Ruhrgebiet. Sie wollte einfach nicht. Mein Vater war auch so ein Luftikus, auch deshalb wollte sie nicht. Und als ich dann geboren wurde, war sie mir gegenüber sehr skeptisch, sehr streng und manchmal etwas lieblos, aber das waren die Frauen aus dem Krieg fast alle.

Die Mutter wurde evakuiert, ihr wart in Essen eigentlich, und weil Bombenangriffe auf Essen drohten, ihr wurdet evakuiert nach Korbach bei Kassel.

Ja, Essen wurde wirklich plattgemacht, und wir wurden ins Grüne nach Hessen evakuiert, wo du ja herkommst.

Nordhessen!

Dort gibt es einen kleinen Ort, Korbach, dort bin ich geboren. Aber frag mich nicht nach Korbach, ich war einmal da an einem Hessentag und habe F. C. Delius, den Dichter, getroffen, der lange in Korbach gelebt hat, sein Vater war da Pastor. Und dann haben wir uns Korbach angeschaut. Es hat uns irgendwie nicht gefallen.

Würdest du sagen, Elke, wenn du eine rundum glückliche Kindheit gehabt hättest, dass dann deine Beziehung zu Büchern nicht so intensiv geworden wäre?

Das sind immer solche Fragen ... Pass auf, ich gebe jetzt mal mehrere Antworten. Die einfachste Antwort ist: Ja, glaube ich. Dadurch, dass ich so viel alleine und so viel krank war, habe ich sehr viel und sehr früh gelesen und bin sehr früh an Bücher gekommen. Andererseits bin ich jetzt über siebzig Jahre alt und denke ehrlich gesagt über meine Kindheit kaum noch nach, weil in meinem Leben andere Faktoren auch sehr wichtig für mich waren, nicht nur die Kindheit. Das Dritte aber ist, dass ich heute glaube – wie viele Schriftsteller etwas zynisch sagen –, es kann doch nichts Besseres passieren als eine unglückliche Kindheit. Entweder man zerbricht daran sehr früh, oder man wird stark und hat Kräfte für das ganze Leben. Bei mir war das so. Ich musste mich von Anfang an gegen alles Mögliche wehren. Und dadurch bin ich ein ziemlich toughes Mädchen geworden. Die Bücher haben mich davor gerettet, allzu tough zu werden, denn sie haben mich immer wieder geerdet.

Diane Keaton hat über sich selber gesagt: »Ich musste früh erwachsen werden und wollte dann ewig jung bleiben.« Würdest du das über dich auch sagen?

Das ist ein schöner Satz. Ich will nicht jung bleiben, was du schon daran siehst, dass ich ja älter werde und nix operieren lasse. Ich war neulich auf einem Fest, einem Fernsehfest, und habe zu Tode operierte Frauen gesehen. Ich bin immer ganz traurig, wenn ich so etwas sehe. Weil es die Frauen nicht schöner macht. Schön macht sie das, was sie lebendig gemacht hat, nämlich Lachen, Weinen, Lieben und Nächte durch trinken. Wenn man das alles wegmacht, bleibt ja nichts mehr, nur ein weißes Blatt. Sieht schrecklich aus! Also ich will gar nicht jung aussehen, ich bin innerlich jung geblieben. Ich glaube, wenn man sich mit der Welt beschäftigt – und Bücher lehren einen das ja auch, sich mit der Welt zu beschäftigen –, dann bleibt man jung.

Was waren die Bücher deiner Jugend?

Mein allerliebstes Lieblingsbuch war »Dr. Dolittle und seine Tiere« von Hugh Lofting. Das sind mehrere Bände,

aber der erste heißt »Dr. Dolittle und seine Tiere«. Dr. Do-
little war ein kleiner dicker Doktor, der selbst im Urwald
den Zylinder aufbehielt. Er ging nämlich in den Urwald,
nachdem er zunächst Menschendoktor in Puddleby, Eng-
land, war. Er wurde Tierdoktor, weil die Menschen so ar-
rogant und hochmütig waren und er das Elend der Tiere
sah. Er ging also in den Urwald, um den Affen und den
Löwen zu helfen. Löwen im Urwald, fällt mir gerade ein,
auch komisch. Dr. Dolittle war ein gütiger, witziger, aber
auch ein Herr mit Contenance, und solche Bücher habe ich
sehr geliebt. Und ich hatte früh auch eine sehr große Liebe
zu Tieren. Danach habe ich dann den ganzen Schmonzes
gelesen, den es in den Fünfzigerjahren für Mädchen gab,
»Der Trotzkopf«, »Elke, der Schlingel«, »Nesthäkchen«,
das waren noch die alten Sachen aus den Zwanziger-,
Dreißigerjahren. Und dann habe ich angefangen mit neuer
Jugendliteratur, soweit es die damals gab.

Du hast auch, las ich, »Die grüne Schule« gelesen.

Genau, »Die grüne Schule« von Wilhelm Matthießen, das
sollte man unseren Lesern vielleicht ein bisschen nahebrin-
gen: Das war eine Schule im Wald, hatte aber mit Kindern zu
tun, also nicht »Die Häschenschule«. »Die Häschenschule«
habe ich auch gelesen.

Ein anderes Thema: Welche Landschaft ist dir am nächsten?

Es ist tatsächlich der Wald. Natürlich bin ich auch gerne
am Meer, sehr gerne, weil ich da so gut Luft kriege. Ich
kriege ja im Alltag mit meiner kaputten Lunge nicht immer
so gut Luft, aber am Wasser geht es mir gut. Ja, und auch
gerne in den Bergen, wenn die Sonne scheint, aber wenn

*es düster ist, finde ich Berge sehr bedrohlich. Aber wo
mein Herz aufgeht, wo ich deutsche Romantikerin wirklich glücklich bin, das ist im deutschen Wald. Der deutsche
Wald mit seinem weichen Boden, seinen Bäumen, wenn
der Specht klopft, wenn die Vögel singen: Dort stehe ich
dann, und mir kommen die Tränen. Ich bin glücklich, dass
es so etwas gibt!*

Ein Wald bietet Heimat.

*Ich weiß gar nicht, ob es Heimat ist, auf jeden Fall habe ich
nie Angst im Wald. Es ist Geborgenheit, ja, es ist Frieden,
es ist Beständigkeit, diese alten Bäume. Wenn ein Baum
gefällt wird, bricht es mir das Herz. Ich finde das schrecklich – ein Mal mit der Kettensäge, und weg ist er ...*

Du hast eben angedeutet, dass Krankheit kein Fremd-
wort für dich ist, du hast sehr viele Lungenentzündungen
gehabt. Und genau dann liest man viel, wenn man nichts
anderes machen kann. Weil du weißt, dass das Leben
fragil ist, ist deine Lebensfreude so groß?

*Ach ja, das sind solche Sätze ... Im Kern ist es wahrschein-
lich richtig, dass man nach jeder Krankheit denkt: Ich lebe
immer noch, wie schön, wie dankbar bin ich! – du weißt,
ich hatte ja auch Krebs. Doch es gab bei mir auch, gerade durch die Krankheiten, unglaubliche Abgründe und
Tiefs, in denen man denkt, man will gar nicht mehr leben,
weil man das alles nicht mehr aushält, weil es viel zu viel
ist, weil man sich fragt: Warum soll ich mich eigentlich
quälen? Hier, ein Gläschen mit Tabletten, und der Fall ist
erledigt. Aber je älter ich werde, umso mehr erkenne ich,
wie schön alles war und wie richtig auch das Kranksein
für mich war. Es hat mich oft gebremst und dann auch* 67

wieder weitergebracht, letztlich eigentlich nie wirklich zurückgeworfen. Und heute sehe ich das alles rückblickend augenzwinkernd gelassen und denke: Irgendjemand hat sich da mit mir einige Dinge erlaubt, um mal zu testen. Vermutlich habe ich den Test bestanden.

Bist du ein demütiger Mensch?

Ja, das bin ich. Bei all meiner Frechheit und Munterkeit bin ich sehr demütig und sehr, sehr dankbar. Ich habe ein so unglaublich glückliches, schönes Leben alles in allem gehabt, womit ich nicht meine, dass alles gut gegangen ist. Ich war schwer krank, bin zwei Mal geschieden und hatte eine Kindheit, die nicht schön war. Aber ich habe so viele wunderbare, glückliche Momente erlebt, dass daraus, wenn ich sie wie Perlen zählte, eine kostbare Kette würde. Und das ist mehr als Glück ...

Du hast in einem der vielen Interviews ein Rilke-Zitat weitergegeben:»Der Tod ist groß, wir sind die Seinen lachenden Munds.« Wie ist dein Verhältnis zum Tod? Heiter?

Ich habe keins. Er wird kommen, das Demokratischste, was es gibt, da müssen wir alle hin, jeder, der Reichste, der Schönste, der Dümmste. Ich kann dazu gar nichts sagen, ich habe keine Angst, ich weiß, dass er kommt, ich denke nicht drüber nach, ich verdränge ihn aber auch nicht. Ich bin ihm ja schon ziemlich nah. Die Strecke, die noch vor mir liegt, ist ja sehr viel kürzer als die, die hinter mir liegt. Aber ich habe Tode von Freunden erlebt, die schnell gingen, Tode, die qualvoll waren. Ich glaube, dass man das, was einem dann auferlegt wird, auch ertragen kann. Und dass danach noch was kommt, falls das deine nächste Frage ist, das glaube ich nicht. Ich glaube, dann ist es wirklich dunkel.

Kommen wir zurück zum Lesen. Ist mein Eindruck richtig, dass du die Menschen geradezu, ich will nicht sagen fanatisch, aber sehr leidenschaftlich, fast missionarisch zum Lesen kriegen möchtest?

Ja. Die Antwort lautet: Ja!

Und was versprichst du dir davon?

Ich denke, dass Lesen nicht wirklich dümmer macht, sondern klüger. Ich denke, dass man, wenn man liest, wenn man sich einlässt auf Geschichten, erstens getröstet ist. Geschichten heilen keinen Krebs, keinen Liebeskummer und keine finanziellen Pleiten, lenken einen aber stundenlang ab. Und in diesen Stunden wächst Kraft, und danach kann man wieder ... Außerdem erklären Geschichten und Romane einem ein bisschen die Welt, in der man lebt, und wenn man diese Welt ein Stück versteht, ist man etwas toleranter. Ja, ich glaube, dass Lesen die Menschen toleranter, klüger und letztlich besser macht.

Ist denn die Lust an der Literatur auch gleichbedeutend mit der Lust am Leben? Das war mal deine Äußerung in einem Interview. Ist Lesen gleich Leben und Leben gleich Lesen?

Nein, Leben ist was ganz anderes. Leben ist sich verlieben und Wein trinken und Nächte durchfeiern. Lesen ist etwas anderes.

Lesen ist kontemplativ?   **69**

Ja, Lesen ist kontemplativ, gehört zum Leben, ist für mich wie Essen, Trinken, Atmen. Also ich könnte gar nicht sein ohne Bücher und Geschichten.

Es ist guter Brauch bei mir, dass jeder Gast seine Musik mitbringt. Und es ist sicherlich kein Zufall, dass Elke Heidenreich einen Musiker mitgebracht hat, der eigentlich Dichter war, Dichter sein wollte, und dann, weil er ein bisschen Geld brauchte, zur Gitarre gegriffen hat. Wir reden von Leonard Cohen.

Ja, das ist meine Altersliebe. Meine Jugendliebe war eine ganz andere Musik. Leonard Cohen ist für mich einfach ein wunderschöner Mann, ein kluger Mann, er hat die Ruhe und Gelassenheit, die ich gerne hätte. Sein »Suzanne« war die Hymne unserer Hippie-Zeit, damals in den Sechzigern. Und ich bin ihm immer treu geblieben, weil er diese wunderbaren Texte schrieb. Für mich ist er in erster Linie Dichter, so ein toller Sänger war er ja gar nicht, wie z.B. Bob Dylan, aber beide können einfach mit Texten umgehen. »... there is a shoulder, where death comes to cry.« Wenn der Tod kommt, um sich auszuweinen, gibt es eine Schulter. Genau so einen Mann will man doch haben, oder?

Elke, du hast eine Neigung, dich in Musiker zu verlieben.

Ja, immer Musiker. Musikalische Männer brechen mir sofort das Herz, ja, immer wieder in meinem Leben. Musiker haben mich immer fasziniert. Ich war sehr oft in Rockkonzerten, ich habe ja bei SWF 3 auch zwölf Jahre Platten aufgelegt. Mit Frank Laufenberg, und ich kann gar nicht so gut Englisch, aber ich kann alle Poptexte, alle Songtexte. Und als ich mal ein Interview mit T. C.

Boyle machte, sagte ich ihm, dass mein Englisch ziemlich beschissen ist, aber »We can talk in lyrics«. Er hat sehr gelacht. Und dann habe ich immer gesagt: »It takes more than that to bring me down.« *Lauter solche Texte:* »We don't need a weatherman to know which way the wind is blowing«, *das ist von Bob Dylan. Und am Ende hat er mich in den Arm genommen, gelacht und gesagt:* »Baby, you can drive my car.«

Spielst du eigentlich ein Instrument?

Klavier und Akkordeon.

Du bist Stammgast bei der Verleihung der Goldenen Kamera. Mir fiel kürzlich ein Foto in die Hände, das war ein Rückblick auf die Geschichte der Goldenen Kamera, und du saßest in der ersten Reihe mit Friede Springer, Axel Springer, Leonard Bernstein. Wie kam es dazu, dass du in der ersten Reihe warst? Du warst eine junge Frau.

Ich galt als das aufstrebende authentische natürliche Talent im Fernsehen. Endlich eine moderne Stimme, die sagt, was sie denkt. Ich war fast ungeschminkt, habe mich nicht um Klamotten geschert, ich habe einfach meine Meinung gesagt, bin schon mal im Studio in Tränen ausgebrochen – ich bin völlig unbedarft ins Fernsehen gegangen. Ich war ja eigentlich ein Radio-Mensch. Und dann bekam ich für diese Unbedarftheit 1981 die Goldene Kamera, im selben Jahr wie Leonard Bernstein. Und ich kam damals in den Saal, sah ihn und ... – wer sich in den nicht verliebt, ist aus Stein. Also Leonard Bernstein, der ja auch Männer und Frauen geliebt hat, steht im Raum und leuchtet, ich kann es nicht anders sagen. Du kommst rein und siehst einen Mann, der von einer Wärme ist, von einer Herzlich-

keit, von einer Schönheit, von einer Intelligenz – ich stand sofort in Flammen. Er hat das auch gesehen, wir waren dann hinterher an der Bar einen trinken. Darum ist die Goldene Kamera für mich was ganz Kostbares, weil ich diesen herrlichen Mann kennengelernt habe.

Bist du vom Pop weg, hast du zur Klassik gewechselt, oder hörst du beides?

Ich bin in beiden drin, im Pop nicht mehr so, weil ich den neuen Pop nicht mehr verfolge und wie alle Leute, die älter werden, auch nicht mehr so gut finde. Ich stehe immer noch mehr auf die Eagles als auf die Backstreet Boys. Aber ich habe auch damals, als ich Pop-Platten auflegte, gleichzeitig all die Jahre im Bach-Chor gesungen, also ich war immer auch auf der anderen Seite. Ich hatte immer ein Abo für Opernhäuser in Basel oder Stuttgart, in allen möglichen Städten, wo ich war. Das war mein Ausgleich. Jetzt, da ich älter werde, überwiegt die Klassik etwas. Aber ich schließe nicht aus, noch mal auch in Pop-Konzerte zu gehen, wenn etwas Gutes kommt.

Zitat: »Es gibt ein kurzes Stück von Schubert, die Ungarische Melodie, da wechseln immerfort die Tonarten, so ist das auch bei mir, langsam, schnell, genau wie mein Wesen, ernst, traurig, das wechselt und das gehört alles dazu.« Zitatende.

Ja, es gibt da dieses Stück, und den Schubert mag ich ganz besonders gern. Er ist nicht so ein Genie, glaube ich, wie wir es von Bach oder Mozart sagen würden, aber er ist der, der mein Herz am allermeisten rührt. Dieser Mensch, das dreizehnte von sechzehn Kindern, arm aufgewachsen, hatte nicht mal ein eigenes Klavier, hat nie eines seiner

Stücke aufgeführt gehört und ist mit einunddreißig schon gestorben. Und er hat herzzerreißend schöne Sachen geschrieben. Nur zwei Mal im Leben hatte er ein festes Einkommen, 1818 und 1824, da war er Lehrer der Töchter des Fürsten Esterhazy in Ungarn. Er verliebte sich wohl sehr in eine von den beiden und hat für sie diese Melodie geschrieben. Wenn Alfred Brendel sie spielt, habe ich immer das Gefühl, dass das alles mit mir zu tun hat, mit meinen Höhen, mit meinen Tiefen, mit dem Schnellen in mir, mit dem Langsamen, mit dem Lustigen und mit dem Traurigen. Ich kann mich mit diesem kurzen Klavierstück total identifizieren. Und ich habe angefangen, Klavier zu lernen, um das spielen zu können.

Welche Bedeutung hat für dich das Schreiben?

Wenn man so viel liest wie ich, dann kommt irgendwann der Wunsch, auch zu schreiben, gepaart mit der Angst: So gut wie andere kann ich es ja doch nicht. Aber von dieser Angst muss man sich freimachen. Und so habe ich mir, als es mit über fünfzig Jahren dann ans Schreiben ging, gesagt: Du wirst niemals wie T. C. Boyle, du machst dein eigenes Ding. Und dann veröffentlichte ich Geschichten und merkte, dass sie positiv aufgenommen wurden. Diese ersten guten Kritiken haben mir sehr geholfen. Dann habe ich immer weitergeschrieben, aber, wie ich feststelle, eigentlich ohne Ehrgeiz. Ich habe für jedes Buch ja fast zehn Jahre gebraucht. Also ich hatte nicht den Drang, immer noch eins rauszuhauen und noch eins. Wenn eins kommt, kommt's. Am liebsten schreibe ich Geschichten, weil es mich zwingt zu pointieren, mich kurz zu fassen und das in einer sehr präzisen Sprache.

Wann schreibst du?

Wann es gerade so passt. Ich bin nicht so ein Thomas-Mann-Typ, das kann man sich ja schon vorstellen. Ich bin ja auch kein Schriftsteller in dem Sinne, ich bin eine Autorin, die sich irgendwann hinsetzt und schreibt. Ich schreibe dann, wenn um mich herum etwas mehr Ruhe ist. Ich habe ja immer noch ein sehr quirliges Arbeitsleben, aber wenn ich merke, es steigt eine Geschichte, eine Idee, ein Gedanke hoch, dann sitze ich ganz still in meinem Zimmer und schreibe. Das ist ein großes Glück. Und meistens ist bei mir die erste Fassung schon gut. Ich zwinge mich nicht zum Schreiben. Ich bin auch ein Kneipenschreiber. Ich habe es gern, wenn ich alleine in der Kneipe sitze oder in der Bar, und um mich rum ist Gerede und Getöse, aber mich stört keiner. Unter Menschen alleine, das bin ich gern, und da kann ich mich gut aufs Erzählen konzentrieren.

Du hast dich mal mit Dylan Thomas befasst.

Ja, ich war in Wales auf seinen Spuren, und ich liebe seine Gedichte. Die Bilder, die er hat, sind so kraftvoll und so schön. In diese Bilder habe ich mich verliebt, und ich wollte wissen, woher sie kommen. Aus einer coolen Gegend, wie mein Essen, Wales, von Kohlen zerklüftet. Da kommt dieser Junge, klein, zart, dann später mit dreißig schon aufgeschwemmt vom Saufen, mit neununddreißig war er schon tot, und schreibt Gedichte. Zum Beispiel diese Zeile: »The ball I threw while playing in the yard has not yet reached the ground.« Der Ball, den ich als Kind im Hof geworfen habe, hat den Boden noch nicht erreicht. Jemand, der immer Kind blieb und seiner Kindheit nachschrieb. Ich habe ihn sehr geliebt und darüber ein schönes Buch geschrieben und sogar den Bayerischen Buchpreis dafür bekommen.

Abschließend gefragt: Schreibst du mit dem Stift, mit dem Computer, diktierst du in ein …?

Nein, ich diktiere nicht. So wenig Technik wie möglich! Meistens sind die ersten Fassungen mit der Hand irgendwo auf Reisen entstanden, unterwegs, Gedankenskizzen mit der Hand, und dann mit dem Computer.

Die Hände tun dir dann nicht weh?

Nein, ich habe all meine Bücher, meine ersten Geschichten mit der Hand geschrieben. Ich bin auch eine große Brie-feschreiberin. Ich zwinge mich dazu, Briefe an Freunde nach wie vor mit der Hand, mit Tinte zu schreiben, und das mache ich jeden Abend ein, zwei Stunden. Immer, ich schreibe wahnsinnig viel mit der Hand.

Bist du bei Facebook?

Nein, um Gottes willen, so ein Quatsch, würde ich niemals machen. Mein Leben ist nicht im Netz. Ich finde den Com-puter ein wunderbares Gerät, und auch ich schlage, wenn ich beim Arbeiten bin, oft nach, wer ist wann geboren, wie schreibt man dieses Wort oder solche Sachen. Aber letzt-lich, die guten alten Bibliotheken beschäftigen mich doch mehr.

Du hast mal gesagt: »Ich bin sicher in meiner Unsicher-heit und unsicher in meiner Sicherheit.«

Das ist so, das ist kein Widerspruch. Ich gehe ganz forsch Sachen an, und dann kommen mir Zweifel. Ich glaube, das ist ganz gut so, eine Art Schutz. Ich bin jemand, der nicht dauernd Angst hat im Leben, ich gehe auch nachts

75

durch den Central Park in New York, ich drehe mich nicht dauernd um und frage mich, ob ein Mörder kommt. Aber ich habe an gewissen Stellen Respekt, und das schützt mich dann auch. Ich kann mich auf meine Instinkte gut verlassen.

Wie ist dein Verhältnis zu New York?

Eigentlich ganz gut. Inzwischen fahre ich nicht mehr gerne hin, weil seit dem Fall der Türme die Einreisebestimmungen so verrückt geworden sind. Man muss stundenlang stehen wie Vieh im Ferch, man muss Fingerabdrücke abgeben ... Diese ganzen Formalitäten gehen mir wahnsinnig auf die Nerven. Aber wenn ich dann mal drin bin, ist es herrlich ...

Der Schriftsteller Otto Jägersberg hat über dich gesagt, Elke gründet, wo sie hinkommt, Kolonien der Liebe. So hieß ja auch dein erstes Buch. Wie darf ich mir eine Kolonie der Liebe, gegründet von Elke Heidenreich, vorstellen?

Dass alle Menschen, die um einen herum sind, mit am Tisch sitzen, feiern, befreundet sind, sich mögen – und ich selbst gehe aber weg und gründe die nächste Kolonie. Ich bin nicht gemacht für lange Dauer, obwohl ich eine meiner Ehen ja sehr, sehr lange durchgehalten habe. Aber ich bin ein Mensch, der sich immer wieder verändern und weitergehen muss. Ich habe es gerne, wenn die Menschen, die ich liebe, sich kennen und auch mögen, Eifersucht wird nicht geduldet, das ist einfach albern. Ich kann Liebe nicht gut lange halten, aber Freundschaften ein ganzes Leben.

Gert Heidenreich, Autor, du hast ihn mit zweiundzwanzig geheiratet.

Ja genau, ganz jung. Wir waren Studenten und wollten eine Wohnung kriegen und haben geheiratet. Damals war das noch so. Und wir sind auch heute noch Freunde, natürlich, das ist immer geblieben. Und Bernd Schroeder und ich waren insgesamt, wenn man so will, vierundvierzig Jahre zusammen, sind jetzt gerade geschieden worden und sind auch lange gute Freunde gewesen.

Bernd Schroeder, der Drehbücher geschrieben hat. Stimmt mein Eindruck, dass du mit deinen Männern, deinen Partnern, eigentlich eher Arbeitsbeziehungen eingehst?

Immer auch. Für mich sind Liebe und Arbeit ganz eng miteinander verbunden. Wenn man etwas zusammen macht, das macht glücklich und verbindet mehr als diese ewigen Nächte im Bett, die ja irgendwann einmal abflauen, weil man jede Nummer schon gemacht hat. Aber bei der Arbeit kommt immer wieder was Neues. Mit Heidenreich habe ich danach zusammen beim Funk angefangen und mit Schroeder sehr, sehr viele Fernsehspiele, Serien, Hörspiele geschrieben, auch Bücher. »Alte Liebe« war unser letzter großer gemeinsamer Erfolg. Jetzt schreiben wir nicht mehr zusammen, weil wir uns im Alter auch ein bisschen auseinander entwickeln. Er ist nach Berlin gezogen, ich lebe nach wie vor in Köln. Wieder natürlich mit einem Musiker. Und mit dem arbeite ich auch zusammen. Er hat zwei Opern komponiert, für die ich die Libretti geschrieben habe. Für mich muss das immer irgendwie zusammengehen.

Der Musiker heißt Marc-Aurel Floros. Und das ist kein Künstlername. Was steht eigentlich bei dir im Pass? Du heißt eigentlich ja nicht Heidenreich, sondern Schroeder.   **77**

Ja, ich heiße Schroeder, aber es ist Folgendes passiert. Ich war mal mit der Kölner Oper, für die ich gearbeitet habe, lange in China, in Shanghai, wo Wagners »Ring« einstudiert wurde, und ich schrieb darüber ein tägliches Tagebuch für die FAZ. Und die hatten für mich die ganzen Akkreditierungen, Visum, Flug, Ticket, alles auf Heidenreich gebucht, weil ich vergessen hatte, ihnen zu sagen, dass ich eigentlich Schroeder heiße. Ich behielt also meinen ersten Namen als Künstlernamen, weil ich unter dem gearbeitet habe. Und dann bin ich zum Einwohnermeldeamt und habe den Namen Heidenreich als Doppelnamen eintragen lassen. Ich heiße jetzt also Elke Schroeder-Heidenreich, geborene Riegert.

Marc-Aurel Floros ist Musiker, Komponist. Ist das eine reichere Beziehung, wenn man mit einem Musiker zusammen ist als mit einem Autor?

Nein, ich würde das als reicher und ärmer auch gar nicht bezeichnen. Musiker ist, glaube ich, das Schwierigste, was es gibt. Du musst dir vorstellen, ein Komponist, der eine Oper schreibt für ein Achtzig-Mann-Orchester, der hat die ganze Partitur im Kopf, und das hat er immer. Morgens, mittags, abends denkt er daran, dass er zwölf erste Geigen hat, zehn zweite Geigen, soundso viel Celli, Bässe, Flöten, Querflöten, Fagotte, Kontrafagotte, Trompeten, Posaunen, Harfe ... ich muss nicht weiterreden. Du kannst dir vorstellen, wie so eine Partitur aussieht. Und daran denkt er, das hat er im Kopf. Er hört es ja zum ersten Mal erst, wenn das Orchester es spielt, beim Komponieren muss er es im Kopf haben. Und da kann man gar nicht stören, da ist ein normaler Alltag nicht möglich, sondern er muss sich zurückziehen und seinen Krempel machen. Wenn er dann damit fertig ist oder wir auftreten bei Lesungen, wo er mich am Klavier begleitet, dann ist das wieder einfacher. Aber solange er an einer solchen Arbeit sitzt, ist er nicht erreichbar. Das ist bei einem Schreiber anders.

Er liest nicht gern?

Stimmt, weil er aus seinen Noten nicht weg kann. Also wenn er liest, dann liest er Partituren, »Parsifal« oder »Frau ohne Schatten«, um zu sehen, wie die das gemacht haben. Er liest schon gern, aber kann seinen Kopf nicht für was anderes freimachen. Ich verstehe das.

Hast du ihn denn zumindest begeistern können für deine Anthologie, die ja eine Schnittstelle zwischen Musik und Literatur ist? Hat er da sein Herz geöffnet?

Natürlich. Da hat ja auch sein Lehrer Friedhelm Döhl, Musikprofessor aus Lübeck, mitgeschrieben. Die Anthologie heißt »Ein Traum von Musik«, und das hat er natürlich gelesen. Und wenn ich auf Lesereise gehe mit solchen Büchern, dann reist er oft mit und spielt dazu Klavier, wir treten zusammen auf. Das ist sehr schön. Dann sage ich ihm vorher die Stimmung der Geschichten, und er erfindet was dazu oder spielt etwas Klassisches.

Er wurde auf der Frankfurter Buchmesse gefragt, was denn sein Lieblingsbuch sei. Es ist Mark Twains »Ein Yankee aus Connecticut«, ein Jugendbuch.

Ja, genau! Da, befürchte ich mal, hat er zum letzten Mal gelesen ...

Wir haben gesagt, wir gehen musikalisch vom Alter zurück in die Jugend. Du magst besonders einen Song von Harry

Belafonte, der übrigens auch mal die Goldene Kamera bekommen hat, auch so ein toller und schöner Mann.

Ja, wunderschön, im Alter immer schöner, diese Art Männer wird im Alter immer schöner. Harry Belafonte war ein Einbruch wie eine Rakete in mein Leben. Ich war damals fünfzehn Jahre alt, und dann hat der gesungen »This is my island in the sun«. Und ich habe diese weiche Stimme, diese karibischen Rhythmen gehört, das hat mich entzündet. Ich war vollkommen weg. Und dann sah ich, dass er schwarz ist, groß, schön. Ich war verliebt, das kannst du dir nicht vorstellen. Ich habe meine Tagebücher vollgeschrieben über Harry Belafonte und habe ihn witzigerweise später im Leben auch kennengelernt. Durch meinen Beruf kommt man ja manchmal zu solchen wunderbaren Gelegenheiten ... Und am meisten mochte ich dieses »Jamaica Farewell«, weil ich das Gefühl hatte, das hat auch mit ihm und seinem Leben zu tun. Er hat gegen den Vietnamkrieg immer seine Stimme erhoben, gegen Rassismus in Südafrika, also ein ganz toller Mann, immer noch!

Wie ist dein Verhältnis zur deutschen Sprache? Würdest du sagen, deutsche Sprache ist deine Heimat?

Ja, natürlich, das ist die Sprache, die ich spreche, in der ich lese, in der Menschen, die ich liebe, mit mir reden, klar. Reich-Ranicki hat ja immer gesagt: Ich habe keine Heimat mehr, vertriebener Jude, aber meine Heimat ist die Literatur. Das ist bei mir ein bisschen ähnlich, ja.

Du warst mit Reich-Ranicki befreundet?

Ja, sehr eng und sehr viele Jahre. Gegen Ende sind wir aber zerstritten auseinandergegangen, wie viele Men-

schen mit ihm. Das ist aber alles längst verziehen. Denn wenn ich ein Vorbild hatte in allem, was ich leidenschaftlich mit Literatur gemacht habe, dann war er das. Ich erinnere mich noch gut an einen Buchmessen-Freitag – man geht ja auf die Buchmesse von Dienstag bis Sonntag, und dann ist man tot und muss nach Hause fahren und ist krank. Und am Buchmessen-Freitag hatte ich regelmäßig so einen Abend, an dem ich keine Empfänge, keinen Alkohol, keine Leute und keine Verleger mehr sehen konnte, und ging mit Reich-Ranicki in die Oper. Ich bekam immer zwei Opern-Karten von dem wunderbaren Intendanten in Frankfurt, Bernd Loebe, für den ich auch mal gearbeitet habe. Ich holte Reich-Ranicki ab, oder er kam mit dem Taxi, und wir gingen in die Oper. Und in der Pause, damals war ich gerade mit meiner Sendung »Lesen!« sehr berühmt, er war sowieso ja immer berühmt, sagte er missmutig zu mir: »Alle gucken auf dich.« Meine Antwort: »Nein, Liebster, alle gucken auf dich.« Und dann machte er eine kleine Pause und sagte: »Na gut, alle gucken auf uns.« So war er.

Hatte er etwas Destruktives?

Ich kann das schwer sagen, ganz reingucken konnte man in ihn nie. Aber wenn er es gehabt hätte, könnten wir es doch verstehen, nach dem, was man ihm angetan und wie er gelebt hat in der Nazi-Zeit, versteckt in einem Keller. Er hat so richtig vielleicht nie verziehen, aber durch die Literatur war er Deutschland in großer Liebe verbunden. Destruktiv war er manchmal in seinen Kritiken, aber ich würde fast sagen, er wollte das nicht, er wollte nicht zerstören, er wollte gute Literatur haben. Und wenn er was nicht gut fand, hat er mit dem Vorschlaghammer draufgehauen. So war er nun mal. **81**

Geht es dir manchmal auch so, dass du deine Meinung so pointiert sagst, einer Stimmung folgend, einem Temperament folgend, dass es dir wenige Tage später leid tut?

Aber natürlich. Gerade ich bin der undiplomatischste Mensch der Welt. Ich denke oft: Hätte ich doch meine Klappe gehalten! Ich weiß schon, du spielst an auf diese ZDF-Geschichte. Er hat diesen Fernsehpreis bekommen bzw. nicht angenommen. Wir saßen in dieser Sendung, der Abend war unsäglich, er zog sich und zog sich, und vorne tobten Menschen wie der Fernsehkoch Lichter und Atze Schroeder mit Lockenperücke rum. Das war von einem wirklich unterirdischen Niveau. Und vor mir saß dieser alte Mann, und ich sah seinen Nacken immer roter werden und ihn immer wütender, und ich wusste, gleich explodiert er.

Gottschalk hielt die Laudatio damals.

Ja, ich sah kommen, dass er explodieren würde. Und es war ja dann auch so. Und dann bin ich ihm unbedacht in einem Zeitungsartikel beigesprungen. Das hat er mir übel genommen, es war sein Abend, ich sollte mich dazu nicht äußern. Und ich habe, voller Zorn, ohne nachzudenken, geschrieben, was das für ein Scheiß-Abend war und dass das ZDF oder überhaupt die Sender nicht in der Lage sind, irgendetwas kulturvoll und stilvoll zu veranstalten. Ich habe tüchtig ausgeteilt. Daraufhin haben sie mich rausgeworfen. Ich habe mich dann entschuldigt, doch das hätte ich mir sparen können. Ich glaube, ich hatte in der Sache Recht, aber im Ton ganz gewiss nicht. Ich hätte meine Sendung gerne weitergemacht, denn sie war ja sehr erfolgreich. Selbst mit einer der schlechtesten Sendungen hatte ich noch höhere Einschaltquoten als das »Literarische Quartett« mit seiner besten, weil ich nicht so kompliziert war, nicht so intellektuell. Ich war ganz bewusst volkstümlich, ich wollte ja wirklich Leute – wir hatten es schon – missionarisch ans Lesen bringen. Und das hätte ich gerne weitergemacht. Jetzt ist es verwunden und vergessen. Aber damals habe ich mir damit keinen guten Dienst erwiesen, das weiß ich heute.

Du redest viel, und auch dein Hund, las ich bei Spiegel Online, leidet darunter. Spiegel Online mag sich täuschen, aber es heißt dort, dass du professionelle Hilfe mit deinem Hund gesucht hast, du warst bei dem berühmten Hundeflüsterer, Martin Rütter. Warum bist du da gewesen?

Aus Jux, wirklich aus Jux. Ich fand Martin Rütter sehr nett und habe mir immer im Fernsehen angeschaut, wie er irgendwelche Kampfhunde zu Lämmlein machte. Und dann sagte mir eine Freundin, die bei ihm arbeitete:»Der Martin will eine Sendung mit Prominenten und ihren Hunden machen, würdest du kommen?« Damals hatte ich gerade ganz neu, ein halbes Jahr, einen schwarzen Mops. Mops folgt sowieso nicht, der macht, was er will. Ich hatte immer Hunde, Labrador, Münsterländer und Katzen. Mit dem Mops bin ich dann in die Sendung. Rütter wollte immer, dass ich ihn anleine und dass er Sitz, Platz, Fuß lernt an der fünf Meter langen Schleppleine. Und ich hab immer nur gerufen:»Vito, Tierheim!« Denn bei Tierheim kam er, das war unser Kommando. Und der ganze Park hat sich kaputtgelacht. Nein, er ist nach wie vor nicht sehr erzogen, außer dass er wirklich auf mich hört, wenn ich ihn rufe.

Wenn ich es richtig erinnere, sagte Martin Rütter:»Weil du so viel redest mit ihm, hat er, der Hund, dich nicht mehr als Autoritätsperson abgespeichert.«

Ja, in der Sendung war es so, dass Rütter sagte: »Der darf erst aufs Sofa, wenn du es ihm erlaubst, nicht von sich aus.« Dann beugte ich mich zu Vito runter und sagte: »Vito, jetzt haben wir ein Problem. Solange der Onkel da ist, darfst du jetzt hier nicht hochspringen. Wenn der Onkel weg ist, dann darfst du wieder.« Ich habe mich einfach nur lustig gemacht. Aber ich quatsch doch meinen Hund nicht zu – der arme Vito!

Du bist ein politischer Mensch, ein literarischer Mensch. Wenn du den Zustand anschaust, in der sich unsere Welt befindet.

Das fragst du mich nicht im Ernst, oder?

Doch, bleibt dir Optimismus ...?

Nein, die Dummheit siegt, wir sind zu viele Menschen, die Ressourcen schwinden, es wird furchtbarer werden, und ich bin froh, dass ich schon so alt bin, ich bin froh, dass ich die Entscheidung, keine Kinder zu haben, durchgehalten habe, dass ich denen nicht erklären muss, was die Zukunft bringen wird, wenn ich sehe, was jetzt geschieht. Es wundert mich gar nicht, im Namen der Religion sind immer die fürchterlichsten Sachen passiert. Wir Christen nehmen uns ja da nicht aus, oder? Mit unseren Hexenverbrennungen, Kreuzzügen, Inquisitionen, Foltern – jetzt sind halt die anderen mal dran. Ich glaube, dass letztlich nicht die Intelligenz, sondern die Dummheit siegt, und dass die Welt ein ziemlich unbewohnbarer Ort wird in einigen dreistelligen Jahren.

Und Humor ist, wenn man trotzdem lacht?

Nein. Weil es nichts mehr zu lachen gibt. »*Trotzdem*« *schon gar nicht. Nein. Den Zustand der Welt, den finde ich schlimm, und ich finde auch nicht, dass uns eine Elite regiert, sondern irgendwelche Zahnärzte und Rechtsanwälte. Ich finde nicht, dass wir von wirklich klugen Köpfen geführt werden. Wenn ich manchmal lese, was Philosophen sagen, dann weint mein Herz, und ich denke: Warum regieren uns nicht solche Leute, warum machen die nicht die Gesetze, warum greifen die nicht durch, warum ist das alles so korrupt, so verlogen, so machtgeil, was da passiert?*

Bist du je gefragt worden, in die Politik zu gehen?

Ja, ein Mal. Und ich hab's sofort abgelehnt. Von Gerhard Schröder damals.

Was hatte er vor mit dir?

Man darf es gar nicht sagen, weil es so furchtbar ist. Ich sollte Pressesprecherin werden. Ich habe gesagt: »*Bist du wahnsinnig? Einen Auftritt von mir und du bist erledigt, also tu es dir nicht an!*« *Aber wir haben uns gut verstanden und hätten gern was zusammen gemacht, ging nur leider nicht.*

Elke Heidenreich, herzlichen Dank für deine Offenheit und dieses Gespräch!

HUBERTUS MEYER-BURCKHARDT
LESLIE MALTON

Sie liebt das Bild von Paul Klee »Hauptwege und Nebenwege«. Heißt: Sie weiß um das Leben, um seine Viel-
schichtigkeit.

Sie, die einen Teil ihrer Kindheit in den USA verbracht hat, fühlt sich dem Entertainment verpflichtet – ich vermute, das Bedürfnis zu unterhalten ist bei
ihr eine Frage der Höflichkeit ... Gleichzeitig nennt sie
George Tabori ihren wichtigsten Regisseur. Größer
könnte die Spannweite einer Schauspielerin, eines per-
forming artist, nicht sein.

Die Bühne ist ihr Schutzraum, die Proben oder besser: »das Probieren« der Grund, diesen Beruf ergriffen zu
haben und ihn weiter mit Lust auszuüben.

Ich hatte Leslie Malton vor einiger Zeit gebeten,
eine Laudatio auf Verena Bentele, die Beauftragte der
Bundesregierung für die Belange von Menschen mit Behinderung, zu halten. Dankenswerterweise sagte sie zu.
Begleitet von ihrem Ehemann, dem Schauspieler Felix
von Manteuffel, traf sie in einem sehr konservativen Hotel am Hamburger Elbstrand ein.

Ich war mir nicht sicher, ob sie sich dort, wo auch die
Preisverleihung stattfinden sollte, wohlfühlen wird. Ich
fand es auch nicht heraus. Denn genau wie in Göttingen,
wo sie bei »Meyer-Burckhardts Frauengeschichten« zu
Gast war, in einem wunderbaren ehemaligen Kirchen-
raum, der zwar optisch reizvoll war, dafür aber akustisch
eine Herausforderung, bringt sie sich selber mit. Sie be-
setzt den Raum. Keiner im Publikum kann raus, keiner
will raus. Hinter ihrer Herzlichkeit zwingend Nähe zu
vermuten wäre tollkühn, hinter ihrer bisweilen kühlen

Distanz Desinteresse oder gar Hochmut anzunehmen, ein Mangel an Lebenserfahrung und Einfühlungsvermögen beim Betrachter.

Sie geht Wege und Nebenwege auf der Bühne und im Leben und bedarf keiner Wegelagerer, höchstens eines Weggefährten: ihres Mannes.

»MACHE AUS DEINER PRIVATEN SCHEISSE GOLD.« (VON GEORGE TABORI)

Eine Stadt, in der Gudrun Landgrebe, Michael Michalsky und Herbert Grönemeyer geboren sind, kann kein schlechter Ort sein für das Gespräch mit einer großen, wunderbaren Schauspielerin, die meiner Einladung gefolgt ist. Ich bin stolz und glücklich, und wenn ich ehrlich sagen darf, auch geehrt, Leslie Malton ist hier. Herzlich willkommen!

Vielen, vielen Dank! Da werde ich ja rot.

George Tabori, der leider verstorbene große Theatermann, hat gesagt, die Malton hat Humor, sie hat so einen typisch amerikanischen Optimismus, sie hat bestimmt eine slawisch-jüdische Großmutter.

Aus Siebenbürgen, genau.

Aus Siebenbürgen. Eine Hexe, und das wäre eine gute Mischung. Daran habe ich nicht den leisesten Zweifel. Ich bin ja der Anwalt des Publikums, wir überprüfen es. Haben Sie Humor?

Nein. (lacht)

Haben Sie einen US-Optimismus?

Einen was?

Einen amerikanisch geprägten Optimismus.

US-Optimismus?

US, also United States of America, Frau Malton. Würden Sie von sich sagen, dass Sie optimistisch sind?

Ja, bin ich.

Also stimmt das, was der Tabori sagt, dass Sie diese Mischung sind zwischen Zuversicht und, darf ich sagen, jüdischem Mutterwitz?

Absolut.

Und slawische Einflüsse sind auch da. Ihr Vater ist Amerikaner, stammte aus Boston und war Political Attaché.

Aus Massachusetts, und dann studierte er in Cambridge, Massachusetts.

Und Sie haben die ersten Monate Ihres Lebens in Amerika verbracht und sind dann nach Berlin gekommen. Wie alt waren Sie da?

Ganz klein, ich war ein halbes Jahr alt. Und meine Schwester wurde in Berlin geboren. Wir lebten siebeneinhalb Jahre in Berlin, von dort ging es nach Washington und dann nach Wien.

Hatten Sie denn als junges Mädchen so etwas wie eine gespaltene Identität? Oder ist Ihnen der Ball sozusagen vor die Füße gerollt, und Sie haben gesagt, in Berlin ist das eine schön und in Amerika das andere?

Ich kann mich nur daran erinnern, als wir 1970 Washington verließen, um nach Wien zu gehen – da war ich elf –, dass mir das sehr, sehr schwer fiel, weil ich zum ersten Mal **89**

Freunde hatte, bei denen die Freundschaft tiefer ging. Und ich weiß, dass ich damals schon einen Hang zur Dramatik hatte. Unsere Familie war im Foyer unseres Appartement-Hauses versammelt und wartete auf das Auto, das uns zum Flughafen bringen sollte. Dann hat es mich plötzlich gerissen. Ich bin hinausgelaufen auf den Parkplatz, wo unser Auto stand, und warf mich über das Heck und heulte los.

Warum?

Weil ich mich unbedingt von diesem Auto verabschieden musste, weil wir nach Europa gingen, weg von allem, was mir vertraut war. Das war dann meine Art des Abschieds, ja. Und dieses bisschen Dramatik mit dem Auto hat natürlich zu großer Aufregung geführt, weil niemand wusste, wo ich war, und wir mussten ja zum Flughafen. Dann fand mich mein Vater heulend das Auto umarmend und hielt mir eine Standpauke, während er mich zum Auto hinbeförderte, das uns zum Flughafen bringen sollte.

Sie gestatten, wenn ich die Kindheit jetzt überspringe und zur frühen Jugend komme. Was mich sehr beeindruckt hat, Sie haben keine Ausbildung genossen, wussten aber gleichwohl sehr früh, dass Sie Schauspielerin werden wollten. Da waren Sie um die vierzehn, und Ibsen spielte dabei eine Rolle. Was war das für eine Stimme in Ihnen, die Sie hat so sicher sein lassen, diesen Beruf zu ergreifen?

Das ist eine gute Frage. Ich weiß nur, dass meine damals beste Freundin daran maßgeblich beteiligt war. Ich habe immer zu ihr hochgeschaut, sie war die klassische nordische Schönheit in Person. Und eines Tages sagte sie zu mir: »Leslie, ich möchte für die Schauspielklasse zwei Szenen aus ›Nora‹ von Ibsen inszenieren, machst du das mit mir?« Ich sagte ihr sofort zu. Wir gingen es an, probten zusammen und ich hatte mein Ding gefunden. Diese ein, zwei Szenen haben etwas mit mir gemacht, was ich vorher noch nie erlebt hatte ... und das wollte ich immer wieder erleben.

Gab es je einen Berufswunsch, der in Konkurrenz zur Schauspielerin gestanden hätte? Vielleicht innerhalb der Kunst? Balletttänzerin oder Bildhauerin?

Nein, es war immer die Schauspielerei. Interessant ist ja auch, dass ich schulisch nie eine besondere Leuchte war, aber speziell die Sachen immer ganz gut konnte, die mich wirklich interessiert haben. In den anderen Fächern gab es dann immer wieder Blaue Briefe. Die Schauspielerei hat mich einfach wirklich interessiert. Und es war und ist für mich heute nach wie vor nicht wirklich begreifbar, dass meine Eltern nie gesagt haben: Ja, fein, wenn du das machen willst, mach es, aber lerne auch einen anständigen Beruf! Du weißt nicht, ob du von der Schauspielerei leben kannst! Das haben sie nie gesagt. Später, auf meine Frage hin, bekannten sie: »Wir waren froh, dass du dich überhaupt für irgendetwas interessiert hast.« Und das, obwohl mein Vater an der Harvard University studiert hatte, da kam und kommt man mit Noten, wie ich sie hatte, nicht hin. Also gab es einen gewissen Standard in meiner Familie, eine gewisse Richtung, in die man vielleicht hätte gehen können. Ich landete ganz woanders, und sie haben es mir gestattet.

Fühlen Sie sich auf einer Bühne am Ende sogar sicherer als abseits einer Bühne?

Das ist eine gute Frage. Manchmal schon. Auf der Bühne – hier zitiere ich George Tabori – ist alles erlaubt. In der Probenzeit natürlich. Ich vergleiche es gern mit einer gemeinsamen Reise, auf der man alles ausprobieren kann. Man vertraut sich gegenseitig, probiert gemeinsam aus und kommt so auf Ideen, die einem sonst nicht so schnell einfallen würden, weil es Zeit gibt, zu suchen, Fragen zu stellen, zu entdecken Wenn ich ein Verständnis, eine Ahnung der Rolle habe, kann fast alles passieren und es wirft mich nicht um, sondern es bringt sogar noch einen besonderen Kitzel mit sich! Beim Drehen wiederum muss man sehr assoziativ sein, schnell umsetzen können.

Würden Sie für sich sagen, dass das Proben mehr Spaß macht als die Vorstellung an sich?

Ja, schon. Wenn es diesen Raum gibt, wo man wirklich ausprobieren und verschiedene Wege gehen kann. Eines meiner Lieblingsbilder überhaupt ist von Paul Klee, »Hauptwege und Nebenwege« – und das lässt sich gleichermaßen auf Beruf und Leben übertragen. In der Probenarbeit gibt es das Entdecken, das Erfahren. Der Anspruch ist natürlich, genau das während der Vorstellung wiederzufinden und anzutreffen, was man selten schafft, aber der Raum, der Weg dorthin ist vorbereitet.

Ist in dieser von Ihnen eben erwähnten Priorisierung der Film ganz klar der Nebenweg und die Bühne der Hauptweg?

Das würde ich nicht sagen. Es sind Wege, die ich gehe. Wenn man mich allerdings zwingen würde zu entscheiden, dann würde ich die Bühne wählen. Aber bitte, zwingen Sie mich nicht!

Ihr Name gab immer wieder Anlass – für Journalisten zumindest – zur Frage: Wie spricht man ihn aus. Ein Kollege im WDR hatte bei der Sendung »MonTalk« die Idee mit der Flasche Whisky, nämlich ein Malt, und dann wusste er immer: Malt, Malton, so geht's.

Sehr gut, super!

Fand ich von diesem Kollegen eine sehr smarte und schöne Idee. Aber haben Sie je darunter gelitten oder gab es amüsante Verstrickungen in der Aussprache?

Ja, da fallen mir prompt zwei ein. Die erste war – früher habe ich Kritiken gelesen, das mache ich nicht mehr –, da stand in einer der ersten Kritiken »die junge Schauspielerin Leli Meltom«. Und die zweite, die mir einfällt: Ich habe mal in einem Restaurant einen Tisch bestellt unter meinem Namen, und der Angestellte sagte: »Ja, sehr schön, wir freuen uns auf Sie, Frau Waldhorn.«

Frau Waldhorn … als Sie das zweite Mal zurück nach Europa kamen, vermissten Sie da ein bisschen den Optimismus und den Humor, für den angelsächsische Nationen vielleicht bekannter sind?

Ja, es war so. Als ich '78 nach Deutschland kam, war ich sogar sehr, sehr verunsichert, weil mein Humor angegriffen wurde. Ich bekam Sätze zu hören wie: »Das findest Du komisch?« Zwanzig Jahre später dann mit Sendungen wie »Samstag Nacht« kam plötzlich mein amerikanischer Humor auch hier an. Den amerikanischen erwähne ich nur, weil ich inzwischen nach all den Jahren hier auch einen Berliner Humor habe, sowie einen Wiener Humor … ach Schmarrn!

Ich habe Ihren mitreißenden Humor schätzen und auch mögen gelernt. Es war auf der Bühne des Renaissance Theaters, als Sie Evchen Humbrecht gespielt haben, »Die Kindsmörderin«, unter der Intendanz von Heribert Sasse. Das Stück stammt von Heinrich Leopold Wagner, ein Autor des »Sturm und Drang«.

Zeitgenosse von Goethe.

Ja. Und Sie haben über einen Fauxpas auf der Bühne gesprochen. Es geht darum, dass die Protagonistin dieses Dramas ihr Kind aus wirtschaftlicher, seelischer Not umbringt.

Weil der junge Soldat, dem sie sich hingegeben, der ihr alles versprochen hat und der sie dann eben doch nicht ehelichte ... Aus dieser Scham heraus bringt sie dann das Kind um. Es war ein sehr beeindruckendes Bühnenbild von Xenia Hausner, die mittlerweile eine großartige Malerin ist. Evchen Humbrecht hatte sich auf dem Dachboden einer Wäscherei versteckt und dort ihr Kind zur Welt gebracht. Xenia Hausner stellte die Wäscherei als riesengroßes Laken dar. Dem Kind, also eine Puppe, hatte man einen Sender in die Brust eingebaut, über den man sein Weinen und Schreien hörte. Der Tonmeister hatte sein eigenes Kind dafür aufgenommen. Also, es weint und schreit, und es hört nicht auf. Und ich ziehe diese Leinentücher zusammen, knote sie um das Kind herum und erwürge es. Die Produktion fand 1982 statt, das heißt, die Mauer stand noch, der Viermächte-Status Berlin, und das Stück spielte in Straßburg. Plötzlich, während ich das Kind würge, kommt aus dem Sender die Stimme eines Mannes: »Bonsoir, Madame et Monsieur ...« Der Sender, irgendein Funk, was auch immer, hatte plötzlich den französischen Sender in Berlin angepeilt, und es sprach aus diesem Kind heraus. Deutsch oder Englisch wäre ja blöd gewesen. Aber eben Französisch, das fand ich großartig, genau auf den Punkt!

Ich trete Ihnen ungern zu nah, möchte aber auf die folgende Geschichte nicht verzichten. Es war nicht immer sicher, dass Sie eines Tages dort auf der Karriereleiter ankommen, wo Sie heute sind. Ihr Einstieg ins Filmgeschäft hätte ein erfahrener Staatsanwalt als Mordversuch an einer Schauspielerin, an einer Schauspielkollegin interpretieren können. Man muss wissen, in Wien wurde ein Hollywood-Film gedreht:»Eine kleine Nachtmusik.« Es war die nicht unbedeutende Schauspielerin Elizabeth Taylor im Cast. Und Sie hatten die Chance, eine kleine Rolle zu übernehmen.

Ich wurde die Assistentin oder Mädchen für Alles einer älteren Schauspielerin und begleitete sie zum Drehort bei diesem Wahnsinnsfilm, bei dem es hundertachtzig Leute hinter der Kamera gab und Elizabeth Taylor, Diana Rigg, Stephen Sondheim wirkten mit. Hal Prince hatte inszeniert, der Wahnsinn! Und da ich zusammen mit Hermione Gingold und ihrem kleinen Hund täglich am Set war, fragte man mich mal, ob ich vielleicht Lust hätte, die Enkelin zu doublen und auch mal Statisterie zu machen. Da liefen sie bei mir offene Türen ein! Bis schließlich der Regisseur auf die Idee kam: Meine Aufgaben bei Hermine könnte ich auch im Film übernehmen, also ihre Zofe sein. Ich fand das super und hatte endlich meine erste Rolle. Hermines Rolle im Film wohnte in einem Sommerhaus, und Freunde aus der Stadt besuchten sie dort. Meine Aufgabe war, im Torbogen zu warten, bis die Kutsche mit Elizabeth Taylor, in einem wunderschönen Kleid und einer Federboa, ankam. Ich sollte zu ihr hinlaufen, ihr beim Aussteigen behilflich sein, dann ihre Federboa abnehmen und sie ins Haus geleiten. Gesagt, getan, ich laufe also hin zu ihr, helfe ihr die kleine Trittleiter runter, ziehe an der Boa, und plötzlich schreit sie auf:»Ah! You´re strangling me!« Und ich bin fast gestorben. Wollte verschwinden, zu Staub werden und noch weniger. Dummerweise hatte sich die Boa verheddert und sie»gewürgt«. Der Regisseur, Hal Prince, schrie nur noch:»Cut, cut ...!«, und ich wäre am liebsten im Erdboden versunken, so peinlich war mir das.

Hat das damals Ihr Selbstwertgefühl als Schauspielerin tangiert?

Nein, es war dann auch wieder okay, niemand hat mich erschossen oder mich mit Pfeilen durchlöchert oder so was, obwohl ich das fürchtete! Ich habe es dann noch einmal gemacht, und es klappte. Mangelndes Selbstwertgefühl oder die Angst, die damit zusammenhängt, das kam erst später.

Wann?

Wann es genau war, kann ich nicht sagen, aber ich würde es so beschreiben: Je mehr Verantwortung ich für die Rollen übernommen habe und übernehme, desto größer ist ja das Verantwortungsbewusstsein für diese Figur. Denn ich möchte ja, dass der Zuschauer das Handeln dieser Figur versteht, nachempfinden kann. Das macht ehrfürchtig vor der Arbeit und, ja, ich habe schon auch Angst, ob ich das treffe, ob eine Resonanz stattfindet. Ich würde das Gefühl nicht Selbstwertgefühl nennen, eher Ehrfurcht und Demut.

Erlauben Sie, dass ich einen Namen nenne, und Sie sagen das, was Ihnen erwähnenswert erscheint? Tabori.

... so wunderbar. Ja, der George war – würde ich sagen – mein Meister und nicht nur in der Schauspielerei, sondern auch im Leben und darin, wie man in die Welt blicken kann. Seine Familie wurde im Dritten Reich fast zur Gänze ausgelöscht und er blieb ein Mann ohne Ressentiments – wirklich ganz, ganz ungewöhnlich! Und er hat mir sehr, sehr viel geschenkt: Verständnis, Lebensmut, Offenheit, Neugierde, Empathie. Zum Beispiel eins, was er uns immer, bezogen auf die Arbeit, gesagt hat, was von vielen Leuten leider belächelt wurde, weil sie es nicht verstanden: Er sagte:»Benutze es!«Wenn etwas Unvorhergesehenes auf der Bühne passiert, mein Absatz plötzlich abbricht zum Beispiel, und ich nicht weg kann, um ein neues Paar Schuhe zu holen, dann»benutze« ich diesen Moment als ein Geschenk, denn daraus entsteht etwas Neues, etwas, das mich selbst überrascht und mir einen neuen Impuls gibt. Und das ist betörend! Ich liebe es, wenn das passiert!

Was im Übrigen auch der Verhaltenstherapeut Jens Corssen sagt:»Was immer dir passiert, sag, ich bin dafür.«

Absolut, ja. Sie haben Recht.

Könnten Sie mit einem Satz oder mit wenigen Sätzen versuchen zu formulieren, worin sich die Theaterarbeit von Tabori, die Probenarbeit mit Tabori unterschieden hat von der anderer Regisseure?

Er hat alles auf die Probe mitgebracht, das, was in der Zeitung stand, das, was er auf dem Weg zum Theater erlebte, wie es ihm an dem Tag ging, einfach alles. Er brachte die Außenwelt mit und die floß in die Arbeit mit hinein. Er war ein sehr politischer Mensch. Die war ja 97 *auch häufig Bestandteil seiner Stücke. Und was er in der Probenzeit machte, war, dass er einen Raum schuf, der für die Schauspieler absolut geschützt war. Wir konnten wirklich alles Mögliche ausprobieren und haben gelernt, dass jeder Weg, den man geht, auch wenn vermeintlich falsch, eine Bereicherung für die Rolle ist. Und es gibt bei Tabori keine Fehler. Dann wusste er auch, wie man die Angst, vor dem Publikum, vor der Presse, vor einer Premiere entschärft. Er brachte uns bei: Vertrau dir selbst, benutze das, was da ist, bring es mit ein. Schließlich hat er auch gesagt: Mach aus deiner privaten Scheiße öffentliches Gold!*

»Private Scheiße« ... ich zögere ... es gibt mir die Gelegenheit, einen weiteren Namen zu nennen.

Jetzt bin ich aber gespannt!

Dieser Mann, dessen Namen ich jetzt nennen möchte, hat die zauberhafteste Liebeserklärung gemacht, die ich überhaupt je aus dem Munde eines Mannes gehört habe. Ich hoffe, ich gebe sie hier richtig wieder: »Ich habe sie schon geliebt, als ich noch in sie verliebt war.«

Nicht ganz, ich muss Sie korrigieren: »Wir haben uns geliebt, bevor wir ineinander verliebt waren.«

Felix von Manteuffel.

Genau, ja.

War das, wenn Sie mir diese persönliche Frage nachsehen, war das mit Felix von Manteuffel, einem Schauspieler, den ich oft in den Kammerspielen gesehen habe in

München vor vielen, vielen Jahren, war das Liebe auf den ersten Blick?

Nein, das war Angst auf den ersten Blick.

Das nennt man Ehe.

Nun ja. Wir haben uns eher peripher wahrgenommen. Es war 1985, in einem Film, in dem wir beide spielten, und viele große Theaterschauspieler spielten auch mit. Ich kannte niemanden persönlich, wusste selbstverständlich, wer sie waren. Hans Christian Rudolph, Richard Münch, Felix von Manteuffel, Vadim Glowna und, und, und, und....Eines Tages in Kopenhagen saß ich ganz alleine auf der Terrasse des Hotels und lernte meinen Text, und plötzlich sehe ich, dass da jemand von links kommt, es war Felix von Manteuffel. Er kam immer näher und näher auf mich zu, niemand sonst war auf der Terrasse. Der wird doch nicht mit mir sprechen wollen, dachte ich. Ich war sehr unsicher meinen Kollegen gegenüber, weil ich keine Ausbildung hatte und wenig über das deutsche Theater wusste. Also machte ich die Ohren weit auf, wenn sie über Theater sprachen. Leslie, Mund zu, Ohren auf, sagte ich mir. Und dann kam Felix immer näher und hat sich mir vorgestellt, formvollendet. Ich habe ihm dann einfach meine Hand gereicht, zu ihm hochgeschaut und mich auch vorgestellt: »Guten Tag! Leslie Malton.« *Direkt anschließend schaute ich wieder nach unten, habe weitergelesen, woraufhin er gedacht hat: Was ist denn das für eine arrogante Ziege? Dabei hatte ich nur Angst vor ihm. Später hatten wir eine winzige Szene zusammen, bei der wir nicht wirklich miteinander spielen mussten, das heißt, wir sind nie mehr miteinander ins Gespräch gekommen. Erst acht Jahre später durch George Tabori. Felix hatte ja viel mit George gearbeitet. Tabori inszenierte* »Nathans

Tod« nach Lessing, am Residenz Theater in München, und ich war Teil des Ensembles. Eines Tages trafen wir Felix. In diesem Gespräch stellte sich dann heraus, dass Felix auch vom Schauspielhaus Zürich ein Angebot hatte, für das Stück »Die Dame vom Maxim«. Mir hatte man die Crevette angeboten, und auf den Proben haben wir uns dann wieder getroffen. Ich habe mich sehr darüber gefreut, weil er der Einzige aus dem Ensemble war, den ich kannte, obwohl ich ihn ja gar nicht kannte. Eine Perfidie des Berufs. Eine Woche lang haben wir nur Hallo gesagt.

Ein Stratege.

Das könnte sein, das müssten Sie ihn mal fragen, das könnte wirklich sein. Das ist eine sehr gute Beobachtung!

Hohe Schule.

Ja, genau, Stratege. Und dann, abends nach einer Probe, nach einer Woche, hat Achim Benning, der Regisseur, gesagt: Gehen wir was trinken! Und wir gingen mit was trinken. Peu á peu verschwanden alle, Felix und ich waren allein. Und plötzlich haben wir uns geküsst. Das war an einem 17. März vor über zwei Jahrzehnten.

Was Sie an Ihrem Mann lieben neben den Dingen, die mich nun wirklich rein gar nichts angehen, ist, dass er aus einer großen Familie stammt, und Sie selber haben es vielleicht bedauert oder zumindest nicht so schön gefunden, dass Ihre Familie sehr klein ist.

Ja, ich habe diese Familie ins Herz geschlossen, eine wundervolle Familie. Ich habe eine Schwester, meinen Vater und meine Mutter. Meine Mutter hat zwei Geschwister, das ist definitiv eine kleine Familie. Plötzlich komme ich in diese Riesenfamilie hinein ... und es ist so schön, weil alle unglaublich offen sind und voller spontaner Herzenswärme sind, wie ich es noch nicht erlebt habe. Sie haben mich alle aufgenommen, ohne Verzögerung gehörte ich sofort zur Familie! Die Familiengeschichte der Manteuffels geht so weit zurück, das fasziniert mich.

Es ist eine adlige Familie. Wenn man sich in diesen Kreisen bewegt, wir reden jetzt von vergangenen Jahrhunderten, und wenn der eine mal beim Spiel vielleicht die falschen Karten gezogen oder auf die falsche Roulette-Farbe gesetzt hat, dann ging auch gerne mal ein Schloss von A nach B, und es kam dann unter Umständen auch nicht zurück.

Unter Umständen auch nicht, ja, genau! Manchmal sind vielleicht auch die Frauen so getauscht worden, Genaues weiß man nicht!

Hier frage ich nicht weiter. Wir wollen aber auch über Ihre Familie sprechen, wir wollen über Ihre Schwester Marion sprechen. Sie leidet am sogenannten Rett-Syndrom, das ist eine, helfen Sie mir, eine Genstörung?

Eine spontane Genmutation, ja.

Diese Krankheit kommt ausschließlich bei Mädchen vor?

Ja, das die zweithäufigste Behinderung für Mädchen, Down-Syndrom ist die erste.

Und ich beschreibe es richtig, wenn ich sage, das kleine Mädchen wirkt zunächst gesund und entwickelt sich, und in einem bestimmten Moment bricht die Entwicklung ab, und es setzt eine Rückentwicklung ein. Und das Mädchen, also Ihre Schwester, ist dann ab einem bestimmten Moment nicht mehr in der Lage, die einfachsten Dinge zu verrichten. Also an ein selbstständiges Leben war nicht mehr zu denken. War die Krankheit Ihrer Schwester ausschlaggebend dafür, dass Sie Schauspielerin wurden?

Absolut. Ich bin davon überzeugt, dass sie die Motivation, der Grund, ist, warum ich diesen Beruf ergriffen habe. Darf ich etwas ausführen? Ab dem Moment, wenn die Entwicklung abbricht, verweilt sie kurze Zeit auf einem Plateau und dann geht es rückwärts. Die meisten bis dahin erworbenen Fähigkeiten gehen verloren. Zum Beispiel, können sie schon etwas sprechen, geht die Sprache verloren, obwohl sie Stimme haben. Epilepsie, Skoliose, Schlafstörungen, Essprobleme und einiges mehr. Sie verlieren alles, was ihnen helfen würde, ein selbstständiges Leben zu leben, sind komplett abhängig von ihrer Umwelt. Meine Schwester und ich sind nur elfeinhalb Monate auseinander. Durch diesen knappen Altersunterschied sind wir sehr symbiotisch, und so war ich eigentlich diejenige, die sie am besten lesen konnte. Ich habe sie für andere sozusagen übersetzt, was sie störte oder ihr wehtat oder woran sie gerade litt, und habe versucht, sie aus diesen Stimmungen herauszuholen. Ich habe mich in sie hineinversetzt und, was sie körperlich ausdrückte, versucht zu lesen. Das Körperbewusstsein und die Fähigkeit, sich in jemanden hineinzuversetzen, das alles sind Grundpfeiler des Schauspielerberufs. Ich glaube, dass mir diese Verbindung erst später sehr viel klarer geworden ist, als ich mehr über die Behinderung und über die Schauspielerei nachgedacht habe. Ja, ich würde sagen, meine Schwester ist verantwortlich dafür, dass ich diesen Weg gegangen bin.

Ihr Vater war amerikanischer Diplomat, Sie sind von Amerika nach Berlin, wieder nach Amerika, dann nach Wien umgezogen. Wie schwierig war das für Ihre Eltern oder für Sie als Familie, diese Krankheit einzuordnen und irgendeine Obhut für das Kind zu finden?

Es war und ist schwierig. Natürlich kann ich nur von meinen Eltern berichten und davon, was ich mitbekommen habe. Ich trug ja keine Verantwortung bezüglich Schulen, Ärzten, ich war die Spielgefährtin. Marion hat immer zu Hause gelebt, aber tagsüber wollten meine Eltern sie irgendwo unterbringen, wo sie Anregung findet, wo sie vielleicht auch etwas lernt usw. Es war ein sehr großes Problem, weil man ja einen geliebten Menschen in fremde Hände gibt, von denen man nicht weiß, wie sorgsam und aufmerksam sie sind. Sind sie so fürsorglich wie wir? Passen sie genauso auf? Wir dachten all die Jahre, dass meine Schwester wegen einer Gehirnhautentzündung diese Schäden hatte. Bis ich 2012 einen Zeitungsartikel las, in dem ein Zustand beschrieben wurde, der sich fast zu 100% mit dem meiner Schwester deckte. Die führende Fachkraft auf dem Gebiet des RETT-Syndroms, Dr. Bernd Wilken in Kassel, wurde in dem Artikel erwähnt. Er erzählte mir, dass diese Entwicklungsstörung immer noch von vielen Ärzten nicht erkannt wird. Wenn Eltern mit ihrer Tochter zum Kinderarzt kommen, weil die Entwicklung plötzlich nicht mehr weitergeht, sagen viele heute immer noch: Die Kleine ist faul, oder langsam, das wird schon! Das war genau das, was meine Eltern damals, vor 52 Jahren, auch zu hören bekamen. Als ich das hörte, war für es mich ganz klar: Ich muss etwas tun, um auf diese Behinderung aufmerksam zu machen. Seit 2014 bin ich Botschafterin für die Elternhilfe für Kinder mit RETT-Syndrom. Auf Anregung von Roswitha Quadflieg haben wir ein Buch über das Rett-Syndrom und die Erfahrung meiner Familie damit geschrieben. »Brief an meine Schwester« im Aufbau Verlag. Es ist mir ein großes Anliegen, auf diese Entwicklungsstörung bewusst zu machen, dass sie von Ärzten erkannt wird, und dass diese Symptome nicht unbedingt Autismus bedeuten, es ist eine Kommunikation möglich. Man verschenkt viel wertvolle Zeit mit dem Nichterkennen. Auch wenn viel geforscht wurde und wird, heilbar ist die Krankheit leider immer noch nicht.

Als Sie jünger waren und darüber nachgedacht haben, vielleicht selbst einmal Kinder zu bekommen, hatten Sie je Furcht davor, was sein würde, wenn das vererbbar ist.

Als ich von Dr. Wilken erfahren habe, dass das RETT-Syndrom nicht vererbbar ist, hätte ich das sehr gerne früher gewusst. Natürlich habe ich auch über Kinder nachgedacht. Und ich finde, es ist von größter Wichtigkeit, dass die Geschwister Bescheid wissen. Der Respekt und die Achtung vor meinen Eltern, sich es nicht leicht gemacht zu haben, indem sie meine Schwester in ein Heim steckten, sie nie versteckt haben, sie war immer ein Teil der Familie, ist enorm. Meine Schwester braucht eine Vierundzwanzig-Stunden-Betreuung, und das bedeutet eine große Umstellung im Familienleben, aber das war in unserer Familie völlig selbstverständlich. Und diese Selbstverständlichkeit habe ich irgendwo mit aufgesogen. Ich kann nicht sagen, dass ich unter der Krankheit meiner Schwester gelitten habe oder zurückstecken musste … es war einfach so, wie es war.

Haben Sie von Ihrer Schwester auch gelernt?

Ich habe von ihr gelernt, mich in andere einzufühlen, Verständnis zu haben, obwohl ich eigentlich ungeduldig bin, auch mit anderen Menschen, nicht nur mit mir...

104

Wie oft sehen Sie sich?

Leider zu selten. Wir waren im Sommer vier Wochen da,
es ist schön in Kalifornien, wo sie und meine Mutter leben.
Aber es ist eben sehr weit weg.

Sie haben gesagt, in der Rolle der Rufi Ruthie in Taboris
»Weisman und Rotgesicht« sei Ihre Schwester von all ihren Rollen am meisten eingeflossen.

Alles. Diese Rolle hat mir George Tabori geschenkt, er
wusste von meiner Schwester, dass sie krank ist, aber
nicht, was sie genau hatte, weil wir es selbst ja noch nicht
wussten. Ich durfte bei ihm viel darüber sprechen, das
war sehr gut für mich. Und mit Tabori habe ich »Ruthie«
so entwickeln können, dass diese Arbeit eine meiner wich-
tigsten Theatererfahrungen je gewesen ist. Ich habe dann
sehr viel von meiner Schwester einfließen lassen können,
obwohl Ruthie ganz anders als Marion ist.

Mich hat eine Anekdote berührt. Es geht darum, dass Sie
Ihre Eltern zu ihrem Hochzeitstag überraschen wollten.
Und um nicht frühzeitig entdeckt zu werden, sind Sie
zu Hause reingekommen, und Ihre Schwester hat aufgemacht ...

Das wäre schön, sie kann keine Türen öffnen ... jemand
anders hat aufgemacht, und meine Schwester hörte dann
nur mein »Hallo« und »tsch tsch tsch«, weil ich nicht
wollte, dass meine Eltern mich sehen, ich wollte sie ja
überraschen. Sie waren in Washington, und ich kam aus
Berlin. Meine Schwester kam aus dem Zimmer und sah
mich und – da sie mich länger nicht gesehen hatte – sie
strahlte von einem Ohr zum anderen. Ich bin einfach an

ihr vorbeigegangen, weil ich mich nicht aufhalten wollte, und dachte, wenn ich sie jetzt begrüße, hört das vielleicht meine Mutter und entdeckt mich. Doch die Enttäuschung in ihrem Gesicht, wie das Licht aus ihren Augen wich, werde ich nie vergessen. Es ist noch immer sehr schwer, mir das zu verzeihen.

Aber es gibt eine Spur Hoffnung, Sie sagten eben, an der Therapie wird geforscht, gearbeitet.

Das ist ganz wichtig, ja. Die Krankenkassen müssen einen anderen Blick auf einen besonderen Förderbedarf dieser Kinder haben – behindert ist nicht gleich behindert ... Das macht mir große Hoffnung.

....

Mit Ina Müller, Barbara Schöneberger und der Opernsängerin Annette Dasch hat ein neuer Entertainerin-Typus die Bühne betreten: unprätentiös, klug, schlagfertig, humorvoll und mitunter provokativ. Gäbe es eine weibliche Antwort aus Deutschland auf Bette Midler: Ina Müller. Durch und durch Musikerin, dem Moment verpflichtet und nichts anderem, mit einer Bühnenpräsens versehen, die einem den Atem nimmt.

Wir haben vor einigen Jahren drei Shows im Hamburger Ernst-Deutsch-Theater gespielt: »Frau Müller und Herr Meyer wissen auch nicht, was passiert.« Improshows, die nach der regulären Abend-Vorstellung gegen 22:00 Uhr begannen und eine Stunde dauerten. Im Eintrittspreis war ein Glas Weiswein inbegriffen. Wir verteilten von der Bühne aus Flaschenbier für die Fans in den ersten Sitzreihen.

Mir bleibt an diesen Abenden eines unvergesslich: Inas Fans wirken wie ihre erweiterte Familie. Die Menschen beten sie nicht an, sie lieben sie. Sie feiern mit ihr ... das Leben.

Und Ina ist in gewisser Weise auch für sie da ... als Schwester, Mutter, Freundin und natürlich auch als erotische Projektionsfläche.

Keith Richards bedauerte einmal öffentlich, dass sein Leben nicht eine einzige Stones-Tournee gewesen ist, das hätte ihm wohl viel Ärger und Trübsinn erspart. Ina mag es ähnlich gehen. Bloß nicht zu viel Alltag, möglichst kein bürgerlicher Lebensentwurf oder das, was sie dafür hält. Dann aber trifft man sie zufällig am Wochenende auf dem Flohmarkt in Hamburg-St.Georg, wo sie ein umfangreiches Besteck-Service für sich gefunden hatte und glücklich wirkte.

Wir haben unser Gespräch für die FRAUENGE-SCHICHTEN in einer kleinen Halle in Lüneburg vor Publikum aufgezeichnet. Der Abend war ausverkauft, bevor er plakatiert war. Wie häufig sprach sie gern und ausführlich über Sex.

Aus der Position der Stärkeren. Immer darauf lauernd, wie das Gegenüber reagiert, ob er verbal mithalten kann und wann man gegebenenfalls aus Geschmacksgründen aussteigt. Das ist ihr am liebsten. Dann hat sie die Bühne für sich, und dann ist sie unschlagbar. Die Beste.

»HEIMAT IST IRGENDWIE GAR NICHT MEIN THEMA.«

Im Jahre 1300 wurde Köhlen in einer Schenkungsurkunde des Grafen von Woldenburg das erste Mal urkundlich erwähnt. Und da diesem historischen Datum nie wirklich Rechnung getragen worden ist, haben wir die berühmteste Köhlenerin eingeladen, und zwar genau 750 Jahre später. Ina Müller ist mein Gast. Bist du stolze Köhlenerin?

Stolz ist so ein Wort, das wenig in mir ist. Darauf, wo man geboren wird, kann man eigentlich ja nicht stolz sein.

Dankbar?

Irgendwo wird man ja geboren, ich eben in Köhlen. Ich habe mich arrangiert damit, bis ich achtzehn war, und habe, glaube ich, sehr viel mitgenommen aus diesem Dorf, aus meiner Erziehung und vom Bauernhof. Ich glaube, wäre ich in Köln bei einem Lehrerehepaar aufgewachsen, wäre vielleicht einiges anders gelaufen in meinem Leben. Dann wäre ich vielleicht jetzt homosexueller Balletttänzer irgendwo in New York.

Oder vielleicht hier in Lüneburg. Lüneburg hat ein Drei-Sparten-Theater, und zwar eines der kleinsten Drei-Sparten-Theater Deutschlands, also eins, wo auch Ballett vielleicht möglich sein könnte. Du hast ja mal hier gelebt.

Ja, zweieinhalb Jahre. Ich war auf der Fachhochschule für Chemie und Pharmazie. Bei Doktor von Morgenstern. Und, **109**

Hubertus, jetzt kommst du: Was glaubst du, mit welcher Note habe ich den Abschluss gemacht?

… harte Recherche hat mir geholfen. Es war nicht einfach rauszukriegen. Ich glaube, du hast sehr gut abgeschnitten.

Nein, nur gut.

Nur gut. Aber könntest du dir vorstellen, noch einmal in Lüneburg zu leben?

Also, ich sage es nicht so häufig, aber an so einem Abend wie heute möchte ich es gern noch mal sagen: Bremen und Lüneburg gehören zu den beiden Städten in Deutschland … Ich bin ja aus einem ganz ähnlichen Grund nicht Schauspielerin geworden. Erstens, weil ich es nicht kann und zweitens, weil diese Idee, eine Szene, die man gerade gespielt hat, immer wieder neu spielen zu müssen, bis irgendjemand sagt, so war es gut oder so war es noch besser, das finde ich ganz schrecklich. Vergleichbar mit dem, wie man es bei »Bauer sucht Frau« sieht, wenn sie zum dritten Mal reinkommt und sagt:»Hach Hildegard, da bist du ja …« So etwas würde es bei mir nicht geben, das hasse ich.

Aber diese Aufgabe hat eine Film- und Fernsehschauspielerin, keine Theaterschauspielerin. Das hast du aber auch nie ernsthaft überlegt?

Nein, aber so eine Tour empfinde ich auch ein bisschen wie Theaterschauspiel, weil ich ja sehr viel erzähle.

Lass uns doch mal über die Kindheit sprechen. Du hast gesagt, bei uns auf dem Dorf sind wir wenig erzogen worden, man lief mit, und man überlebte.

Hört sich jetzt ein bisschen dramatisch an ...

Das klingt ein bisschen wie Umerziehungslager vom Geheimdienst.

Ich glaube, es war damals einfach so, dass die Menschen noch nicht so weit in ihrer Erziehung waren, und auf dem Land vielleicht noch ein bisschen weniger. Wir hatten einen Kindergarten, da waren wir dann zwischen vier und sieben. Ich kam erst mit sieben zur Schule. Im Kindergarten war alles normal wie in anderen Kindergärten auch. Aber zu Hause standen wir im Laufgitter. Und wenn da was passierte, war eben keiner da. Also ich hatte keine Klingel, auf die ich als Baby hätte drücken und sagen können:»Oh Gott, da ist eine Kuh, die tritt mich gleich tot ...«

Ich finde schön, dass du auf eine Frage, woran erinnerst du dich gern, geantwortet hast:»Schlittschuhlaufen auf den zugefrorenen Feldern, wo ich wahnsinnig viel Platz hatte.«

Genau. Weil die Wiesen in der Marsch immer im Januar und Februar überflutet sind, so wie eigentlich alles matschig und überflutet war. Aber die Wiesen waren besonders überflutet. Da war das Gras noch drunter, und man konnte über zigtausend Quadratkilometer Schlittschuh laufen, das war sehr schön.

Hat dich diese Kindheit manchmal auch unterfordert?

Ich weiß es nicht, ich weiß ja nicht, wie eine überfordernde Kindheit ausgesehen hätte. Ich erinnere mich nur, dass wir irgendwann ein Auto bekamen und weiß noch, wie ich im Auto saß und diese Reizüberflutung spürte, weil meine

Augen auf einmal viele Dinge sahen, die sie nicht kannten.
Es passierte ja sonst einfach nichts.

Es kam ein Traktor ab und zu ...

Manchmal, aber das war auch schon das Höchste, oder
eben eine Kuh, die am Laufgitter vorbeischuckelte. Nun
saß ich da in diesem Auto, und ich werde das Gefühl nie
vergessen, wie die Landschaft an meinen Augen vorbei-
flog. Ich war nicht in der Lage, das zu kompensieren, und
habe direkt meiner Mutter über die Schulter auf den Schoß
gekotzt, weil mein Gehirn durchgedreht ist. Ich weiß nicht,
was bis heute davon geblieben ist.

Versuchen wir es doch mal: Was ist deine erste Assozia-
tion, wenn ich Heimat sage?

Heimat ist irgendwie gar nicht mein Thema, das merke
ich immer wieder. Ich weiß nicht, wo das sein soll, ich
habe keine zurechtgelegte Super-Definition. Ich sage im-
mer, Heimat ist da, wo der Nachbar grüßt. Ein bisschen
ist das ja auch so. Als ich in Lüneburg gelebt habe, war
das für mich meine Heimat. Ich war total gerne da, fand
die Stadt toll, und der Nachbar hat gegrüßt. Ich habe
lange in München gelebt, da habe ich mich genauso zu
Hause gefühlt, und ich fühle mich jetzt in Hamburg sehr
zu Hause.

Heimat kann ja auch ein Geruch sein oder eine Musik.

Ich kann nichts dafür, ich finde das Thema ein bisschen
langweilig. Alle sagen, es ist doch jetzt gerade so brisant.
Ich finde, dass das nicht stimmt, sondern es ist gerade
jetzt Zeit, dass jeder guckt, wo er bleibt, irgendwie. Je-

der möchte sicher leben, und jeder möchte ein bisschen Wärme und was zu essen haben.

In kaum einer Sprache gibt es eine Übersetzung für das Wort Heimat.

Die Sprache ist vielleicht das Einzige, mit dem ich den Begriff Heimat verbinden kann. Auch wenn etwas Platt-deutsch geredet wird, weil in der Kindheit Plattdeutsch gesprochen wurde. Ja, ich glaube, Sprache ist eher Heimat als der Ort, an dem ich gerade bin.

Du bist ja auch deshalb Ehrenbürgerin deines Heimator-tes geworden, weil du dich um die plattdeutsche Sprache sehr verdient gemacht hast.

Ja, aber unbewusst eigentlich, weil ich Plattdeutsch nun mal kann. Da musste ich nichts lernen, ich konnte es ein-fach.

Reich-Ranicki hat trotz aller Tragik in seinem Leben gesagt, dass die deutsche Sprache immer seine Heimat geblieben ist.

Dann kann es darüber vielleicht wirklich eher funktionieren. Ich war mal drei Tage in Barcelona, ich spreche kein Wort Spanisch, und merkte, dass es mir sogar körperlich schlecht ging, dass ich verkümmerte, weil ich mich nicht ausdrücken konnte. Ich durfte noch nicht mal auf Englisch bestellen, weil die spanischen Kellner schon ältere Herren waren. Man ist richtig aufgeschmissen, du kannst mit keinem Taximann flirten, du kannst nirgendwo deine weiblichen »Oh bidde, lass mich vor«-Chancen nutzen. Du kannst eigentlich nur verkümmern, wenn du die Sprache nicht kannst. **113**

Wie ist das für eine schöne Frau wie dich, wenn nichts mehr geht? Wenn man das Gefühl hat, blond hilft nicht, schön hilft nicht ... Es hilft einfach gar nichts.

Das sage ich ja gerade, man verkümmert.

Wir sind in der Stadt, in der der große Johann Abraham Peter Schulz geboren ist. Ihm haben wir das Lied zu verdanken »Der Mond ist aufgegangen«. Matthias Claudius hat das Gedicht geschrieben, und auch »Ihr Kinderlein kommet«. Das erwähne ich deshalb, weil ich mich dafür interessiere, ob es ein besonderes Kinderlied für dich gab, oder gab es Lieder, die du mit deinen Eltern gesungen hast? Wurde überhaupt gesungen auf dem Bauernhof deiner Eltern?

Ich hatte eine Bontempi-Orgel, da wusste ich zum Beispiel, »Der Mond ist aufgegangen« war blau, blau, rot, blau, gelb, gelb, blau, weil wir nach Farben und nur mit einem Finger gespielt haben.

Sehr schön!

Die Orgel ging natürlich irgendwann im Streit kaputt. Danach spielten wir Blockflöte, und ich hatte später sechs Jahre lang Gitarrenunterricht. Das heißt: Bei Familie Müller waren drei Kinder, die zu Weihnachten Bontempi und Gitarre gespielt haben. Und alle haben gesungen, und sie konnten auch sehr gut singen. Mein Vater war im Posaunenchor, und meine Oma war eine sehr, sehr gute Sängerin. Das aber nur zu Weihnachten, ansonsten war davon nicht viel übrig.

Jeder meiner Gäste darf sich drei Songs wünschen, und du hast dich u. a. für ein Kinderlied entschieden.

Ja, genau, für ein plattdeutsches Lied, das uns von der Oma, wenn sie mal auf uns aufgepasst hat, vorgesungen wurde. Es heißt »Dat du min Leevsten büst«.

Weißt du, worum es in dem Lied geht?

Ja, um ein Mädchen, das in einer Kammer schläft, »Dass du meine Liebste bist, das weißt du doch, komm heute Nacht, komm heute Nacht ...« So könnte es nicht nur ein Kinderlied, sondern auch das Liebeslied einer Frau sein, die einem Mann Tipps gibt, wie er, ohne vom Vater ermordet zu werden, nachts in ihr Zimmer kommen kann. Und dann wird meiner Meinung nach geschmust ... höchstens Petting, mehr ist da nicht.

Unser nächstes Thema ist die Landarbeit. Melken und Ausmisten, so etwas hast du nicht sehr gemocht, richtig? Ich hörte, dass du beim Ausmisten immer von den Bullen einen vor den Latz gekriegt hast ...

Na ja, da war die Wand, und hier war der Hintern vom Bullen, und es war alles vollgekackt. Und du hattest zum Ausmisten nur schubkarrenbreit Platz. Ich bin ja 1965 geboren, das heißt, ich habe Mitte der Siebzigerjahre ausgemistet. Da gab es nicht die Technologie von heute. Ich hatte eine Schubkarre und eine Schippe. Und Bullenscheiße ist wirklich schwer ...

Hattest du damals das Gefühl, dass du als junges Mädchen zu viel Verantwortung tragen musstest, dass du keine Kindheit hattest?

Ein bisschen war es so. Wenn wir aus der Schule nach Hause kamen, musste man – sich prügelnd – zum Herd **115** *laufen und gucken, ob noch was zum Essen da war. War man die Letzte, die erst um 15 Uhr aus der Schule kam, weil der Schulbus so spät fuhr, dann war eben nichts mehr da. Gut, nicht so schlimm. Denn du musstest sowieso schnell irgendwas anderes wie Mais reinholen oder Ähnliches übernehmen. Das dauerte bis 17 Uhr. Dann mussten die Kühe rein und gemolken werden, und um acht Uhr warst du dann endlich fertig. Das heißt: Mein Arbeitstag, wenn man so will, ging von 6:30 bis 20:00 Uhr. Ob mir das geschadet hat oder nicht, weiß ich nicht. Es hat mir insofern geschadet, als ich es nicht geschafft habe, Hausaufgaben zu machen.*

Es gab eine Tante, die euch allen Schwestern zusammen eine Tafel Schokolade mitbrachte, die ihr dann teilen musstet. Und das war etwas, was du nicht mochtest.

Nein, das mochte ich wirklich nicht. Das hört sich nach Geiz an, dieses Nicht-teilen-Wollen. Aber wenn du eine Tafel Schokolade durch fünf teilst, ist schon echt wenig für jeden einzelnen übrig. Und wenn sie kam, gab sie auch für alle zusammen fünf Mark, also für jedes Kind eine Mark. Doch es war anstrengend, dieses Fünf-Mark-Stück überhaupt erst einmal kleinzukriegen. Und deswegen bin ich heute noch nicht in der Lage – und das finde ich so witzig – wirklich gut teilen zu können. Wenn z. B. meine Freundinnen, mit denen ich gern essen gehe, sagen:»Wir bestellen jetzt einen Gemüseteller für alle.«Ich kann das nicht, ich muss meine Portion zugewiesen bekommen. Und ich möchte das auch nicht! Das tut mir so leid, und andere denken schnell, ich bin nicht ganz dicht. Aber dieses Verhalten ist natürlich tief verwurzelt in meinem Inneren. Wenn wir eine große Gemüseschüssel vor uns stehen haben, dann kann ich mich auf nichts mehr konzentrieren außer auf schnelles Essen, damit ich von diesem Gemüse das meiste bekomme. Oder gestern z. B. im Zug: Meine Freundin und ich bestellten uns, weil es nach 19 Uhr war, zwei kleine Flaschen Weißwein ... Und meine Freundin sagte:»Komm, ich mache erst mal meine auf, dann trinken wir deine.« Und ich merkte in mir ein klares»Nein!«. Jeder hat seine Portion, dann weiß ich, ich muss mir jetzt nicht den Wein reinschütten, weil ich Angst habe, sie trinkt mehr als ich. Ich bin auch die einzige Frau auf der Welt, die es hasst, wenn der Freund ihr auf den Teller glotzt, in der Hoffnung, dass etwas übrigbleibt. Ich lasse nie etwas übrig, nie! Ich esse immer alles auf.

Magst du Kinder?

Es gibt Kinder, da geht einem das Herz auf, meistens die in den amerikanischen Filmen, deren Mutter gerade an Krebs stirbt. Sie sitzen da am Bett und sagen dann irgendwie »Mama«, und sie sind dann ganz niedlich. Sie werden bestimmt auch schon niedlich ausgesucht usw. Aber es gibt auch ganze andere Kinder, bei denen ich gleich sage, es gibt tolle Kinder und nicht so tolle Kinder, so wie es auch tolle Erwachsene und nicht so tolle Erwachsene gibt. Ich habe gerade etwas Spannendes gelesen, dass die Generation, die jetzt im Kinderwagen liegt, noch mehr einen an der Klatsche hat als die Generation davor, weil die Mütter mit diesen Kindern nicht mehr beim Ausfahren kommunizieren, weil alle immer nur noch aufs Handy gucken. Und das arme Kind sich – wie ich im Laufgitter – wieder langweilt und in den Himmel guckt und nichts passiert.

Und es fährt kein Traktor.

... und da läuft nicht mal eine Kuh am Kinderwagen vorbei! **117**

Wenn du heute in der Pubertät wärst, also entsprechend später geboren worden wärst, wie würde dein Typ ankommen? Machst du dir Gedanken über die Jugend, die jungen Frauen, die heute ...

Man spricht als Frau in meinem Alter ungern darüber. Aber ich sehe jetzt gerade wieder Karottenhosen, wie wir sie hatten, sie sind gerade wieder hip, bis oben hochgezogen. Alles kommt wieder, Streifen an den Jeans, olle Turnschuhe, die ganzen Siebzigerjahre-Turnschuhe sind im Moment wieder da, auch Jeansjacken, alles ...

Man trägt jetzt diese dünnen Hosen, und ich habe die mit dem Schlag im Schrank gelassen, weil ich hoffe, noch so lange zu leben, dass ich sie wieder anziehen kann, weil sie wieder modern werden.

Genau das habe ich auch gedacht, und ich habe viele Sachen aufgehoben. Doch wenn ich da jetzt reinsteige, muss ich sagen, es ist ja nicht nur die Mode, die sich ändert, sondern es verändert sich unabhängig von Kilos einfach alles. Und deswegen kann man noch so viele Sachen aus den Siebzigern aufheben, du veränderst dich einfach rein anatomisch. Der Körper, der Knochenbau, alles.

Was ich bemerkenswert finde, dass du nicht gesagt hast, dass du Künstlerin werden wolltest, um dem Landleben zu entfliehen. Das hast du ja erst viel später entdeckt.

Ich möchte trotzdem noch einmal auf den Körperkult zurückkommen. Männer, die sich in Fitnesscentern bodybuilden, vergessen sehr häufig, ihre Beine zu trainieren. Das heißt, sie haben riesige Oberkörper und dünne Beine. Ich

glaube, Beine sind unattraktiv für Männer, das interessiert sie nicht, Hauptsache oben passt alles. Und was ich richtig unsexy finde, ist, dass je kompakter der Oberkörper wird, desto kleiner der Kopf aussieht. Und das macht ihn extrem dumm. Leider kann man den Kopf ja nicht mittrainieren. Das heißt, der Mann verhunzt sich komplett die Proportionen durch den sehr kleinen Kopf, den viel zu breiten Oberkörper und die fehlende Beinmuskulatur. Dann habe ich lieber einen normalen Mann mit einem normal dicken Kopf und einem normalen Bauch. Ich mag das wirklich lieber. Und da ist noch etwas: Junggesellen-Abschied, vorne ziehen sich Männer aus, zeigen auch noch den nackten Hintern und trinken sich einen. Eigentlich sind sie dadurch kein Stück anders als wir Frauen. Ich glaube, dass eine Frau jemanden will, der sie ernährt, und zwar gut, und der ein bisschen attraktiv ist und was im Kopf hat.

Aber warum wolltest du dann Apothekerin werden? Um einen Mann kennenzulernen, der in die Apotheke kommt und sagt:»Guten Tag, Frau Müller ...«

Vielleicht.

Dieses tragische Kapitel werden wir später aufblättern. Wir werden jetzt mal die Pubertät musikalisch abschließen. Du hast dir von Pink Floyd »Wish You Were Here« gewünscht. Warum?

Ach, das ist ein typisches Klassenfest-Lied, zu dem wir geschwoft haben. Und diese Unschuld von damals und das Gefühl, verliebt zu sein ... Das kriegt man, glaube ich, nicht wieder. Dieser Song muss einfach laut sein, so laut, dass es fast weh tut, ob im Auto oder im Kopfhörer. Und ich merke, wie mein zentrales Nervensystem auf einmal sagt, Nikotin. Das ist witzig ... Also, ich rauche heute fast gar nicht mehr. Ich habe zum Beispiel seit dreieinhalb Wochen total vergessen zu rauchen, weil es gerade nicht passte. Man darf heute ja nirgends mehr rauchen, früher war das alles anders. Man ging in die Disco oder auf ein Schützenfest, dort war alles vernebelt, aber man hat es gar nicht so wahrgenommen.

Da du gerade über Angst sprichst: Warum möchtest du, das sagtest du mir im Vorgespräch, deinen Tod komplett vorbereiten?

Ich habe z. B. eine schreckliche Flugangst und ich denke jedes Mal, ich komme nie wieder zurück. Ich denke: Du stirbst irgendwie auf dem Flug, oder dich bringt in London oder sonstwo jemand um, oder es passiert ein Anschlag. Dann kommen die in meine Wohnung, die Stadtreinigung, und schmeißen Sachen weg, die mir viel bedeutet haben. Das ist z. B. der Grund, warum ich schon ganz viele Sachen weggeschmissen habe. Ich glaube, der Rest, der jetzt noch da ist, ist okay. Den bekämen meine Schwestern dann wahrscheinlich. Wer da jetzt zuerst dran wäre, wüsste ich gar nicht.

Ich weiß nicht, wie du das geregelt hast. Das geht mich auch nichts an. Doch die Stadtreinigung wird nicht kommen. Was ich sympathisch finde. Das machen die Mexikaner, das machen die Wiener: Sie setzen sich mit dem Tod auf eine eher humorvolle Weise auseinander.

Ich höre von den Menschen immer, dass sie sagen:»Oh nein, jetzt hör auf!« Bei»Inas Nacht« z. B. rede ich gerne über den Tod, einfach weil es mich interessiert. Ich habe, als ich zwischen zwanzig und fünfunddreißig war, viel über Sex gesprochen, und jetzt rede ich eben viel über

Tod. Nicht, weil ich schon sterben möchte oder keine Lust mehr habe zu leben, mich interessiert einfach dieses Thema.

Thema Sterbehilfe, du sagst:»Ich wünsche mir, dass in Deutschland endlich jeder das Recht haben sollte, selber zu bestimmen, wann für ihn Schluss ist. Jeder Mensch sollte das Recht haben zu sterben, wann er will.«

Ja, und man muss da auch nicht solche Angst haben, dass jeder mal eben fahrlässig sagt:»Komm, jetzt gib mir meine Spritze«, das macht doch kein Mensch. Man hat ja nur dieses eine Leben, es ist jedem im Kopf klar, dass es dann vorbei ist. Also ich denke schon: Wenn jemand sagt:»Wirklich Leute, ich kann nicht mehr und ich will auch nicht mehr«, dann muss man das akzeptieren, und dann müssen wir etwas dafür tun, dass dieser Mensch das Recht hat, das auch durchzuziehen.

Der schönste Satz zum Thema stammt von Woody Allen: »Ich habe keine Angst vor dem Tod, ich möchte nur nicht dabei sein, wenn es passiert.«

Ja, ist halt das Sterben. Ist so die letzte unbekannte Komponente, glaube ich, im Leben, die man echt nicht im Griff hat. Denken wir hier auch an den Tod vieler Musiker, die erfahren oft erst am Lebensabend die große Akzeptanz. Woher kommt diese Akzeptanz des Alters? Warum werden sie dann oft richtig cool? Weil sie es geschafft haben, nicht am Rock 'n' Roll zu zerbrechen?

Ich glaube, es ist viel einfacher: Ich glaube, weil eine größere, eine veröffentlichte Meinung es nicht geschafft hat, sie zu zerstören. Und dann gibt es eine Haltung: Wenn wir ihn nicht kleingekriegt haben, dann finden wir ihn gut.

Zeitgeist? Dass vielleicht Fettes Brot sagt:»Ach guck mal, hat mein Papa immer gehört auf dem Sofa«, dass die das dann wieder cool finden? Gehörst du eigentlich auch zu den Menschen, die nachts angetrunken nach Hause kommen, die Musik laut aufdrehen, Luftgitarre spielen und wild durchs Wohnzimmer tanzen?

Klar, ich nehme meinen Tennisschläger und rocke ... Nein, im Ernst, so was mache ich heute nicht mehr. Das habe ich früher gemacht, als ich noch jung war, da habe ich mir vorgestellt, ich wäre ein großer Rockstar. Das Blöde ist nur, ich spiele nicht mal ein Instrument, und wenn ich anfange zu singen, ist ein Saal in zwei Minuten leer.

Es kann aber auch lustig sein, man kann auch bleiben ... Und warum hast du nie ein Instrument gelernt?

Weil ich eine tolle Mutter hatte, und diese tolle Mutter wurde ihrerseits mit einem Instrument gequält. Und sie hatte für sich beschlossen, ihren eigenen Sohn nicht zu quälen. Und dann passierte Folgendes: Ich tat ihr einen Gefallen und ging freiwillig zu einer Gitarrenlehrerin, weil ich sie sehr, sehr liebte. Als Erstes musste ich dort meinen Fuß auf einen Hocker stellen, hatte eine Gitarre in der Hand und sollte das Lied »Lass doch der Jugend, der Jugend, der Jugend ihren Lauf, lass doch ...« spielen. Dabei hatte ich Keith Richards, von Heroin gezeichnet, vor mir und musste diese etwas schwammige Gitarrenlehrerin anschauen, die auch noch so transpirierte ...

Nach der ersten Unterrichtsstunde sagte ich meiner Mutter: »Mami, das Geld können wir besser investieren.« Ich bin dann nie wieder hingegangen.

Das ist aber lustig, genau das Gegenteil war es bei mir. Meine Eltern interessierten sich gar nicht für dieses Thema und ich auch nicht, aber in der Schule boten sie halt ein Mal die Woche zwei Stunden Gitarrenunterricht an. Und wir hatten einen Musiklehrer, der damals in der angesagtesten Top-40-Band Gitarre spielte. Er übte mit uns sämtliche Beatles-Hits ... Wir spielten alle Akkorde und sangen laut mit. Du musst es einfach mit Schmackes machen, du musst die jungen Leute anders abholen, und nicht mit Bein auf einem Hocker und Zupfelmax und Söhne.

Wer sucht eigentlich bei deiner wunderbaren Sendung »Inas Nacht« die Musiker aus?

Ich arbeite zusammen mit Dr. Mathias Wallerang, der ist sehr schlau, und weil er nicht ins Fitnesscenter geht, hat der einen relativ guten großen Kopf und kennt sich aus. Er ist extrem musikinteressiert, ich glaube, noch zehn Mal musikinteressierter als ich. Wir suchen zu zweit die Musik raus, streiten uns immer ein bisschen, einigen uns dann aber auf die Bands, die kommen sollen. Manchmal ist ein Song so toll, dass ich einfach dieses Lied haben will, obwohl es schon seit drei Monaten im Radio läuft. Manchmal höre ich ein Lied, das mich persönlich sehr berührt und mich zum Weinen bringt, und dann kommt der Sänger in die Sendung.

Eine ganz andere Frage, Ina: Brauchst du auch mal Stille?

Ich bin eigentlich ein total asozialer Typ.

Verströmst du dich manchmal zu viel?

Nein ... Aber wenn ich auf eine Bühne gehe, wenn ich mein Konzert spiele, dann lebe ich den ganzen Tag für diese zwei Stunden. Das heißt, ich schone mich und meine Stimme, ich freue mich, ich esse gesund und trinke nicht. All das, um in diesen zwei Stunden alles zu geben. Und dann gebe ich auch alles, weswegen ich nicht der Typ bin, der danach noch zwei Stunden Autogramme geben kann. Ich bin einfach erschöpft und schaffe das körperlich nicht. Genau das muss man irgendwann lernen einzuschätzen, wie viel Kraft der Mensch noch hat. Es hat ja jeder Mensch auch Einschläge im Leben, die hatte ich auch, und das zeigt einem dann natürlich immer so ein bisschen, wo du Kräfte sparen kannst und wo du sie rauslässt. Wenn ich zum Beispiel eine Woche in London bin und noch keinen Unterricht habe, sehe ich eine Woche lang niemanden und rede auch eine Woche lang nicht. Ich erkunde alles alleine wie eine einsame Wölfin, ich fahre U-Bahn und lungere in allen Stadtteilen herum. Das macht mir extrem viel Spaß und bringt mir ganz viel Energie.

Weil du gerade England sagst: Beneidest du manchmal die Engländer um ihr Verhältnis zur englischen Flagge oder die Franzosen um ihr Verhältnis zur Trikolore? Ich frage dich das in Erinnerung an das Sommermärchen, von dem wir heute vermuten dürfen, dass das Sommermärchen ein paar finanzielle Schrammen hat: War es dir ein bisschen fremd, um nicht zu sagen unangenehm, dass überall Schwarz-Rot-Gold hing?

Ja, meine Generation vielleicht, die jungen Leute heute, die sind da drüber weg. Ich glaube, sie können wie alle anderen europäischen Städte, Länder auch umgehen mit dem Fahnenkult. Aber ich kann das nicht. Es ist – glaube ich

– eine Frage der Sozialisierung, Fahnen uncool zu finden. Wir hatten die Alt-Achtundsechziger als Geschichtslehrer im Unterricht, die uns das alles beigebracht haben. Das ist vermutlich der Grund, dass ich bis an mein Lebensende keine Fahne hissen möchte, sie nicht akzeptiere und den Satz: »Ich bin stolz, ein Deutscher zu sein«, *ekelhaft finde. Wir müssen aufpassen bei allen Dingen, die sich irgendwie von rechts aufbauen …*

Und wenn das Wort Stolz durch Dankbarkeit ersetzt würde? Ich bin dankbar, ein Deutscher, ein Europäer zu sein, eher?

Ich horche in mich hinein, aber es regt sich nichts, Hubertus. Nur ganz kurz dazu noch: Diese Pegida-Bewegung – ich könnte wirklich kotzen, dass das überhaupt möglich ist, weil wir immer gedacht haben, dass wir uns richtig Sorgen wegen rechts gar nicht machen müssen, da durch unsere Medien alles sofort im Keim erstickt wird. Nein, es wird eben nicht im Keim erstickt. Es sind so viele Anhänger in dieser Bewegung, dass es wirklich erschreckend ist. Also aufpassen …

Welche Hoffnung verbindest du mit 2017? Hast du Optimismus, hast du eine Zuversicht?

Also mich wundert immer – angesichts der vielen terroristischen Anschläge –, dass ich nicht von Angst geschüttelt bin, dass ich mich überhaupt noch bewegen kann. Ich vergleiche die jetzige Situation ein bisschen mit Krebs. Bei Krebs weißt du auch nie, warum ich, warum hier, warum genau an dem Ort, warum genau bei mir diese paar Zellen, die doof waren? Und genau so ist es im Moment mit den Anschlägen. Du kannst dich nicht schützen, wir können uns nicht schützen, es wird immer irgendwo ballern. Ich glaube, das wird auch nicht wieder weggehen, es wird höchstens noch schlimmer werden, und ich glaube, es wird irgendwann zu unserem Leben gehören.

Aber ich würde von meiner Seite abschließend sagen, ich habe Hoffnung, dass wir eine offene Gesellschaft bleiben, dass wir eine durch und durch demokratische Gesellschaft bleiben, dass wir bei allen Problemen, die wir haben, auch eine Gesellschaft bleiben, die diejenigen versucht zu integrieren, die da sind.

Ja, aber ich darf noch eine kleine Frage stellen: Wie stellen wir uns das vor, wenn wir sagen, wir wollen Sicherheit, aber wir wollen nicht, dass irgendjemand irgendwas über uns weiß? Das werden wir nicht hinkriegen, glaube ich.

Da bin ich vollkommen deiner Meinung.

Also wir müssen uns davon verabschieden. Natürlich hat die letzte und vorletzte Generation sehr viel dafür gekämpft, aber leider ist das heute nicht mehr möglich. So haben wir überhaupt keine Chance, Menschen, die in irgendeinem Stadion sitzen, zu schützen. Dann kannst du z. B. nur sagen:»Wir können leider keine Helene Fischer-Konzerte mehr in dieser Arena stattfinden lassen.«

Ein letztes Thema noch. Was du ja auch sensibel beobachtet hast: Der liebe Gott hat es so eingerichtet, dass man die Beulen, wenn man älter wird, da kriegt, wo sie nicht hingehören und dass gleichzeitig aber auch die Augen schwächer werden. Das heißt, man wird milder mit sich selber. Man glaubt, man ist hübscher, aber die Außenwelt weiß, man ist nicht mehr so hübsch, wie man selber glaubt.

Ja, diese Enttäuschung, wenn man sich ohne Brille Zähne putzt und sie dann wieder aufsetzt. Du weißt das vermutlich, Hubertus, ich habe meine Augen insofern operieren lassen, dass ich jetzt Trifokallinsen trage. Zum Beispiel kann ich jetzt, fiel mir heute wieder auf beim Duschen, immer sehen, wo Shampoo und wo Conditioner draufsteht. Sonst stand ich immer nur da und dachte: Mist! – Das ist so herrlich, es ist einfach schöner, gerade diese Morgenminute, der Tag ist von Anfang an real.

Du wolltest es so ...

Ja. Alles superscharf.

Ein schöneres Schlusswort gibt es nicht. Danke, Ina Müller!

6 HUBERTUS MEYER-BURCKHARDT
ULRIKE MURMANN

Einige Tage, bevor wir unser Gespräch führten, habe ich Ulrike Murmann in ihrer Kirche St. Katharinen in Hamburg besucht. Aus sehr persönlichen Gründen ging es mir an diesem Tag nicht sonderlich gut und so hatte ich eine Weile mit dem Gedanken gespielt, das Vorgespräch zu verschieben. Was ich Gott sei Dank nicht getan habe. Denn Ulrike Murmann in ihrer Kirche zu erleben, das ist im eigentlichen Sinne des Wortes Herz erfrischend. Mit einer Mischung aus Demut und Pragmatismus geleitet sie den Besucher durch das Gotteshaus. Stets mit einem Lächeln, stets ein wenig auf der Hut. Sie sagt, ihre Kirche sei eine immer während Baustelle und deshalb sei sie auch stets auf der Suche nach Geld. Gerade kürzlich habe man im Zuge der Bauarbeiten ganz zufällig eine vergessene Pforte aus dem 14.Jahrhundert gefunden, den Zugang zur Kirche von der Innenstadt her. Es mag Zufall sein, aber es passt zu ihr, der ersten weiblichen Hauptpastorin an St. Katharinen nach 133 männlichen Vorgängern: Sie öffnet die Kirche, sei es mit ihrem Lächeln oder mit Hilfe der Handwerker, die Türen finden, wo zuvor Mauern waren.

»MAN SOLLTE SEIN LEBEN SO EINRICHTEN, ALS OB ES GOTT GIBT.«

Ich freue mich sehr, meine Damen und Herren, an diesem 1. November 2015 eine wunderbare Frau begrüßen zu dürfen, Ulrike Murmann, Frau Dr. Ulrike Murmann, herzlich willkommen.

Ich bin gerne hier.

Sie sind Pröpstin. Sagen Sie uns: Was ist eine Pröpstin?

Da gibt es eigentlich eine schöne Erklärung. Man kann Pröpstin mit »p« schreiben oder mit »b«, die meisten schreiben es mit »b«, und dann heißt es bei uns: »Pröbstin« kommt von probieren.

Aber dem ist nicht so.

Dem ist nicht so, eigentlich wird es mit »p« geschrieben und kommt von praepositus, besser präposita.

Vorgesetzte.

Ja. Ich stehe einer Zahl von Gemeinden vor.

Dazu kommen wir im Laufe dieser nächsten Stunde noch. Zunächst möchte ich betonen, dass Sie nach männlichen Vorgängern die erste weibliche Hauptpastorin an Sankt Katharinen sind.

Genau.

129

Das ist, wie ich finde, ein wunderbarer, ja geradezu schicksalhafter Zufall, dass es eine der drei Hauptkirchen Hamburgs ist, die anderen sind St. Jacobi und St. Petri ...

Es sind fünf Hauptkirchen, wenn ich Ihnen kurz ins Wort fallen darf.

Unbedingt.

Der Michel und St. Nikolai gehören auch dazu, aber es sind die drei in der Innenstadt, die Sie eben genannt haben. Hamburg hat fünf Hauptkirchen und ich war die erste Hauptpastorin.

Und vier sind nach einem Mann benannt, und Ihre nach einer Frau. Warum St. Katharinen?

Katharina, die Heilige Katharina, war eine Märtyrerin im 4. Jahrhundert, eine Königstochter, die zum christlichen Glauben übertrat. Dann wurde sie von dem Kaiser Maxentius gezwungen, diesem Glauben abzusagen. Hier gibt es eine wunderschöne Legende. Sie bittet ihn :»Schick' mir deine weisesten 50 Männer.«

Männer, Philosophen.

Die Legende geht so aus, dass sie alle Männer vom christlichen Glauben überzeugt hat und alle 50 zum Christentum übergetreten sind. Katharina muss sehr klug und sehr schön gewesen sein, was sicherlich auch zum positiven Ausgang des Gesprächs beigetragen hat. Sie ist später als Märtyrerin gestorben. Im 13. Jahrhundert, als die Katharinen-Kirche in Hamburg gegründet wurde, war die Heilige Katharina eine der beliebtesten Heiligen. Da-

her gibt es viele Katharinen-Kirchen, die aus dieser Zeit stammen.

Sie stammen aus einem Elternhaus, das wir hier nur am Rande beleuchten wollen, wo man aber nicht vermutet, dass aus diesem Elternhaus eine Theologin kommt. Ihr Vater war Klaus Murmann, Unternehmer, erfolgreicher Unternehmer bis 1996, Präsident der Bundesvereinigung der Deutschen Arbeitgeber (BDA), der Ihnen das Credo mitgegeben hat: »Du musst der Gesellschaft etwas zurückgeben, wenn du ein bisschen mehr bekommen hast als vielleicht andere.« Dennoch frage ich mich, warum haben Sie nicht Philosophie studiert? Denn, wenn man sich mit Ihnen beschäftigt, sind Sie eine Fragende und viel weniger eine Verkündende.

Das hätte mich reizen können, da haben Sie richtig nachgelesen. Ich bin auch auf philosophischen Spuren gewandelt in meiner Studienzeit. Letztendlich fand ich das Theologie-Studium spannender, weil dort die letzte Frage nach Gott gestellt wird. Mich interessierten anfangs vor allem die intellektuellen Fragestellungen, weniger die praktische Arbeit einer Pastorin oder Pröpstin. Insofern war die Philosophie am Anfang durchaus im Horizont.

Ich ordne das folgende Zitat Immanuel Kant zu und ich hoffe, ich habe recht: »Man kann sein Leben so einrichten, als ob es Gott gibt.« Gibt es Gott? Denn diese Frage stellt Immanuel Kant in dem Satz immanent.

Kant hat gesagt, man kann Gott nicht beweisen, aber man muss Gott denken. Der Gottesgedanke ist ein Postulat der praktischen Vernunft, ein moralisch notwendiger Gedanke. Glaube ist etwas mehr als Denken. Glaube impliziert Den-

ken, ich würde also nicht so weit gehen und sagen, der Glaube setzt da an, wo der Gedanke der Vernunft aufhört, aber der Glaube erweitert oder vertieft das Denken, die Rationalität. Ob es Gott gibt, das kann nur jeder Mensch für sich selbst beantworten.

Sie sind evangelische Theologin und Sie schätzen an Luther, dass eine seiner Kernthesen die ist, dass der Mensch nicht etwas Besonderes sein muss, er muss nicht durch gute Werke besonders auffallen, damit Gott an ihn glaubt. Das ist, wenn Sie verzeihen, eine sehr bequeme Religion. Also ich bin so, wie ich bin, aber Gott liebt mich in jedem Fall. Ist da nicht die Einstiegsschwelle für den Glauben sehr niedrig? Bei allem Respekt vor Martin Luther ...

Ja. Martin Luther hätte das wahrscheinlich jetzt anders eingeleitet, vermute ich mal. Er hätte erst davon gesprochen, dass der Mensch Sünder ist. Er hat nämlich gesagt, alle Menschen sind Sünder. »Simul, iustus et peccator« ist die lateinische Formulierung und sie bedeutet, der Mensch ist sowohl gerecht als auch sündig. Als Sünder haben wir ein Bewusstsein davon, dass wir uns irren, dass wir Fehler machen, dass wir scheitern, dass wir Menschen verletzen, dass wir Schuld auf uns nehmen. Ein solches Bewusstsein macht sich erkennbar im Gewissen, das wie ein Weckruf in uns laut wird. Wir müssen damit umgehen, dass wir an anderen Menschen und an Gott schuldig geworden sind. Daraufhin sagt Luther den Satz: »Du bist aber auch gerecht, Gott liebt dich so, nimmt dich so an, wie du bist, auch als Sünder.« Der christliche Glaube nimmt beide Perspektiven ein, die des Sünders und des Gerechtgesprochenen. Das finde ich sehr realistisch, denn unser Leben ist eben keineswegs nur heil, gesund und glücklich, sondern oft

*gebrochen und beladen. In alledem gilt die Zusage, Gott
nimmt dich auch als fehlbaren Menschen an und ernst.*

Reisen Sie gern?

Unendlich gern.

Sie sind in Kiel aufgewachsen und dann sehr früh als
ganz junge Frau, ja, als junges Mädchen nach Südamerika
gegangen, Argentinien.

Ja.

Was haben Sie gehofft, in Argentinien zu finden? Das
ging ja schon sehr einher mit der Entscheidung, ich
möchte Theologin werden.

Ja genau.

Haben Sie Antworten auf Fragen gesucht, die Sie auch
bekommen haben dort drüben?

*Die hab' ich bekommen. Argentinien war eine reine Bauch-
entscheidung. Ich hatte einfach Fernweh nach einem anderen Kontinent und ich weiß nicht, Tango und Gaucho,
was ich mir da alles so vorgestellt hatte. Ich habe dort
intensive Erfahrungen gesammelt. Ich bin nach meinem
Studium für ein halbes Jahr nach Missiones gegangen,
eine Landzunge zwischen Paraguay und Brasilien in der
Nähe der Iguazú-Wasserfälle. Die sind relativ bekannt. Der
Film »Mission« spielt an diesen Wasserfällen. Es ist eine
subtropische Gegend, sehr, sehr arm. Die Bauern leben
vom Mate-Tee-Anbau, womit man nicht viel Geld verdienen
kann. Ich wurde als Praktikantin eingeführt, musste aber*

133

schon sehr bald die Arbeit eines Pastors erledigen, worauf ich nicht wirklich vorbereitet war. Ich hatte ja noch keine praktische Ausbildung. Mir wurde in dieser Zeit klar: Ich kann das, sogar auf Spanisch. Das war für mich wie eine kleine Wassertaufe, wenn Sie so wollen.

Haben Sie in Südamerika etwas in Ihr seelisches Gepäck, wenn Sie das Bild erlauben, gelegt, was Ihnen noch heute hilft?

Mich beeindruckt die Leidenschaft, mit der die Argentinier trauern und auch feiern, das ist etwas ganz Wunderbares. Mag die Armut auch noch so groß sein, sie zelebrieren ihren Glauben, und dann stimmen sie in Lieder ein, feiern und machen Asado. Um ihre Fröhlichkeit habe ich sie beneidet. Die habe ich mitgenommen, was sich allerdings hier in Hamburg nicht immer umsetzen lässt. Ich bin natürlich vom Typ her eher nordisch und deswegen weniger ausgelassen. Aber der Glaube darf eben auch fröhlich sein.

Leidenschaft und Kirche, da ist in Hamburg noch Luft nach oben, darauf können wir uns verständigen?

Ja.

Sie sagten gerade, die Argentinier stimmen in Lieder ein, und wir stimmen ja bei »Meyer-Burckhardts Frauengeschichten« auch immer in Lieder ein. Jeder Gast darf sich drei Lieder wünschen, die für unterschiedliche Phasen des Lebens stehen. Sie wünschen sich von Frank Sinatra »New York, New York«. Warum spielt das Lied eine so große Rolle für Sie, welche Bedeutung hat New York oder hat Frank Sinatra für Sie?

Den Traum von New York träumt man, wenn man in Kiel aufwächst. Kiel ist zwar eine Landeshauptstadt, jedoch eine bescheidene kleine Landeshauptstadt. Sie liegt am Meer immerhin. Man steht man am Ufer und bekommt Fernweh. Ich habe oft von New York geträumt. Dann ergab es sich, dass wir in der Zeit meines Vikariats, das ist die praktische Ausbildung zur Pastorin, eine Vikariatsreise nach New York planten. Das war natürlich sensationell! Mit meinen Vikarskollegen habe ich die Stadt vor allem aus dem Blickwinkel der Kirchen kennengelernt. Was machen die Kirchen eigentlich in so einem Moloch? Wie arbeiten sie in diesem Schmelztiegel mit den unterschiedlichen Kulturen, mit der immensen Armut? Wir haben Suppenküchen gesehen, Obdachlosigkeit, Projekte für Obdachlose. Wir waren in Harlem, wir haben aus einer Perspektive auf diese Stadt geschaut, die ich total faszinierend fand und an die ich heute noch oft denke. Ich habe dort viel gelernt, vor allem eine Kreativität im Umgang mit der Not von Menschen. Obdachlose beispielsweise wurden nicht von oben herab wie Bedürftige behandelt, sondern sie wurden integriert, indem man ihnen etwas zutraute und sie mitmachen ließ. Ja, es waren wichtige Eindrücke, die ich aus New York mitgenommen habe.

Und der Wettbewerb der Religionen.

Es gibt so viele Religionen in dieser Stadt!

Beneiden Sie manchmal Religionen wie den Katholizismus, das Judentum oder auch den Islam, die einfach bildhafter daherkommen? Wo es den Repräsentanten dieser Religion vielleicht etwas leichter fällt, die Gläubigen zu versammeln. Der Protestantismus ist ja doch intellektuell eher anspruchsvoll, weil er abstrakt ist.

Er ist anspruchsvoll, das finde ich ja attraktiv. Ich sitze ungern in Gottesdiensten, in welchen mir die Pastorin oder der Priester einen langweiligen Vortrag hält. Ich möchte eine Predigt hören, die mich anregt, die mich gedanklich herausfordert und emotional berührt. Sonst geh ich raus und denke: Ach, schade. Dem Protestantismus ist es wichtig, elementare Situationen unseres Lebens zu deuten, die Welt in einem christlichen Sinn zu verstehen und unsere Existenz auszulegen. Darauf möchte ich nicht verzichten. Sie sagen wahrscheinlich, der Katholizismus ist im Vergleich sinnenfreudiger. Ja klar, es gibt Weihrauch, die Bischöfe kleiden sich in prächtigen bunten Farben, und der Papst hat rote Schühchen an. Ich meine, das ist natürlich ...

Die hat er ja nicht mehr an.

Nee, der nicht mehr, der andere ...

Der jetzige Papst hat ja auf die roten Schuhe verzichtet.

Das finde ich auch sehr sympathisch.

Ist der ein Wettbewerber, der Papst, für die evangelische Kirche? Oder ...

Nein, nein. Der Papst ist mit seiner Autorität einzigartig für unsere Welt. Die katholische Kirche ist eine Weltkirche, der Protestantismus nicht. Der Katholizismus ist eine wichtige integrative und moralische Instanz, auf die ich nicht verzichten möchte. Ich empfinde keine Konkurrenz, sondern denke, er übernimmt seine Rolle, wir übernehmen unsere.

Das Wort Ökumene ist ja, wenn man es von der Wurzel her nimmt, die ganze Welt betreffend, meint aber in unserem

Zusammenhang, dass die Religionen, der Protestantismus und der Katholizismus, wieder zusammenfließen. Wie ist da Ihre Position, Frau Dr. Murmann? Möchten Sie das?

Wir leben in versöhnter Verschiedenheit. Das ist eine schöne Formulierung. Wir sind unterschiedlich und das ist auch gut so. Unsere Gesellschaft, oder sagen wir mal die religiöse Landschaft ist in den letzten Jahren plural geworden, auch in einer Stadt wie Hamburg. Es gibt zwischen 150 und 200 verschiedene Religionsgemeinschaften in dieser Stadt. Das verändert natürlich auch den Blick auf die eigene Religion und auf die Ökumene. Es kann nicht mehr nur darum gehen, dass die Protestanten mit den Katholiken und den Orthodoxen einen gemeinsamen Weg finden, sondern wir müssen heute die Tür weiter aufmachen und in einen Dialog und auch in ein diakonisches Miteinander mit dem Islam kommen, mit dem Buddhismus, mit dem Hinduismus, mit all den anderen Religionen, die in einer Stadt wie Hamburg präsent sind.

Eine Olympiade des Denkens und des Fühlens und des Glaubens.

Genau, das wäre doch was Schönes.

Es mag der Advent 1990 gewesen sein, vielleicht der 2. Advent, an dem Sie zum ersten Mal diesen ganz berühmten Kragen trugen. Ich weiß, dass Sie ein liebevoll distanziertes Verhältnis zu diesem Kragen haben. Aber darf ich Sie mal ganz trivial fragen: Wie war das, das erste Mal mit so einem Kragen zu predigen?

Steif. Dieser Kragen, die Halskrause, wie wir sie nennen, ist so gestärkt, dass man sie sich um den Hals quälen und dann mit einer Art Manschettenknopf irgendwie zuknöpfen muss. Die Menschen sagen, sie würde uns kleiden. Mag sein. Die Bewegungsfreiheit bleibt aber deutlich einge-schränkt. Der Hamburger Ornat, schützt einen natürlich auch. Er hilft einem, in die Rolle zu gehen, wenn man Got-tesdienst hält, predigt, segnet, tauft, traut oder beerdigt. Und von daher trage ich ihn auch gern. Wenn man bei ei-ner Beerdigung den Verstorbenen gut kannte, der Familie nahe steht und emotional so berührt ist, dass man weinen möchte, dann hilft mir der Ornat, in meiner Rolle zu bleiben und mich nicht zu verlieren, ein Gegenüber zu bleiben und trotzdem empathisch zu sein.

Hat Ihre Familie Sie mal gesehen, wie Sie predigen als junge Pastorin? Gab es da Stolz?

Ich vermute schon. Meine Familie war dabei, als ich ordi-niert wurde. Das ist die Bezeichnung dafür, dass wir Pas-toren durch unseren Bischof in unser Amt eingesegnet werden. Man kniet nieder und wird für die Aufgabe ge-segnet, ein sehr berührender Moment, insbesondere für meine Familie, denn in dem Augenblick haben sie begrif-fen, jetzt ist sie's wirklich. Sie ist diesen Weg bis hierher gegangen und sie wird ihn weitergehen. Das liturgische Ritual markiert einen bedeutsamen Einschnitt im Leben einer Pastorin.

Dieses Leben, ich habe schon verschiedentlich darauf hingewiesen, begann in Kiel. Die junge Ulrike Murmann hatte damals eine Schwäche für James Taylor, den sie wahrscheinlich in einem Kofferradio, wie man es damals hatte, hörte. Welche Rolle spielt James Taylor oder ge-rade dieser Song für Sie?

Ich hörte diesen Song »You've Got a Friend« oft in jener Phase, in der man auf der Suche ist nach der eigenen Identität, Freundschaften ganz wichtig sind und man sich zugleich immer wieder vor der Situation fürchtet, keinen Freund zu haben. Oder es geht einem eine Freundin, ein Freund verloren.

... verloren?

... kommt einem abhanden. Das war für mich eine Lebensphase, in der ich recht melancholisch und romantisch war, die Zeit von Stephan Sulke und Leonard Cohen. Deren Lieder habe ich damals gern gehört. Das ausgewählte Lied von James Taylor ist weniger depressiv, es hat etwas Leichtes und ich mag es immer noch.

Wir stellen uns eine Zeitreise vor, 70er Jahre, es regnet in Kiel ...

Genau.

... und Ulrike Murmann hört James Taylor. Im Herbst 1902 hat Rainer Maria Rilke in Paris ein bedeutendes Gedicht geschrieben, das heißt »Herbsttag«, und in diesem Gedicht gibt es die vier Zeilen, »wer jetzt kein Haus hat, baut sich keines mehr, wer jetzt alleine ist, wird es lange bleiben«. Ich habe den Eindruck, dass Sie in Ihrem Glauben Optimismus und Sicherheit finden. Aber haben Sie auch Verständnis für die Menschen, und was sagen Sie denen, denen der Glaube unsicher geworden ist angesichts von Schicksalsschlägen, von Enttäuschungen?

Ich begegne vielen Menschen, denen der Glaube unsicher geworden ist. Wenn sie krank werden oder einen geliebten

Menschen verlieren, machen sie Grenzerfahrungen, die zu Glaubensfragen werden können: Glaube ich eigentlich an einen Gott, der mich auch in diesen Grenzsituationen begleitet? Oder erlebe ich diese Situation als gottverlassen und als einsam und allein gelassen? Insofern sind Zweifel und Unsicherheiten ein ständiges Thema in meinem Arbeitsleben. Sie sind auch mein eigenes Thema. Selbst wenn Sie davon ausgehen, dass ich ein ganz gutes Glaubensfundament habe, ist das ja nichts, was man so sicher hat wie einen Safe. Sondern der Glaube wird einem geschenkt. Ich kann daran arbeiten, kann diesen Glauben pflegen, damit er nicht vertrocknet und verdorrt. Aber er kann mir verloren gehen. Auch ich erlebe Momente, Krisen, Schicksalsschläge, die mich zweifeln lassen und wo ich meinen Gott frage: Wie kannst du das zulassen? Wieso ist dieses Leben so ungerecht?

Was antworten Sie?

Ich klage dann zuerst mal. Die Psalmen bieten dafür eine wunderbare Sprache an und zeigen, wie man klagen, ja Gott auch anklagen darf. Ich habe nicht immer eine Antwort. Ich begleite die Menschen und lasse zu, dass wir manchmal keine Antwort auf die Sinnfrage haben, Sinnlosigkeit erleben und aushalten müssen. Es ist auch ein Teil meines Glaubens und meines pastoralen Auftrags, Menschen in solchen Momenten zur Seite zu stehen und das Vertrauen in diese Welt oder in einen Gott dennoch zum Ausdruck zu bringen.

Mich beruhigt, was Sie sagen, denn ich würde gerne mehr glauben, als ich es tue, und weniger zweifeln, als ich es tue. Was ich an der christlichen Kirche mag, ist, dass Gott uns begegnet in der Person eines Kindes. Mich hat aber, das will ich nicht verhehlen, als Kind immer sehr irritiert, dass Gott diesen seinen Sohn auch gleich wieder opfert. Verstehen Sie, dass das eine Irritation bei einem jungen Menschen auslöst?

Die Irritation kann ich nachvollziehen. Weihnachten feiern wir die Geburt und Karfreitag den Kreuzestod. Ich muss an Szenen mit Kindern in der Kirche denken: Wir veranstalten Kirchenführungen für Kinder, für Schulklassen, und erleben immer wieder diese Irritationen, gerade bei den Kleinen. Sie sehen ein Kruzifix und fragen: »*Warum hängt der da?*«

Ja, aber er ist für unsere Sünden gestorben. Und als Kind sagt man sich, ich habe doch nach meinem eigenen Erkenntnisstand noch gar keine Sünde begangen.

Ich muss Ihnen sagen, auch ich habe in meinem Leben erst lernen müssen, dieses Kreuz zu verstehen und zu übernehmen, zu akzeptieren als Teil meines Glaubens. Heute ist es für mich fast das Überzeugendste meiner Religion. Wenn ich auf das Kreuz blicke, wird mir bewusst, wie ungerecht die Welt ist, wieviel Not und Leid, ja wie viele Kreuze gegenwärtig auf Erden existieren. Ich werde aufmerksam auf diese Not, meine Wahrnehmung wird geschärft. Dass Christus den Weg bis ans Kreuz gegangen ist, dass er selber gelitten hat und im Garten Gethsemane seinen Vater verzweifelt gebeten hat: Kann dieser Kelch nicht an mir vorübergehen?, dass er existenzielle Verzweiflung und Not erlebt hat wie wir Menschen heute auch, das macht diese Religion für mich menschlich und ehrlich. Dunkles und Schweres werden nicht ausgeblendet. Aber dabei bleiben wir nicht stehen, sondern das Kreuz bedeutet auch: Das ist nicht das Ende, so soll es nicht sein, sondern der Gott, 141 *an den wir glauben, steht für etwas anderes. Er steht für ein Leben nach dem Tod, für ein ewiges Leben. Er steht für Auferstehung, für Frieden, für Gerechtigkeit, für das, was Jesus in seinen Predigten verkündet hat. Das heißt, wir sehen die Realität, die oft bitter ist, und auf der anderen Seite auch den Einspruch gegen diese Realität und sagen: Die Welt muss nicht so sein, wie sie gerade ist, sie könnte auch anders sein.*

Sie könnte anders sein, wenn der Mensch besser wäre. Sie könnte anders sein, wenn es mehr Menschen wie Herbert Grönemeyer geben würde. Und hier sind wir bei Ihrem dritten Musikwunsch: Herbert Grönemeyer »Mensch«. Ein wunderschönes Lied. Unter den großen Theologen in der ersten Hälfte des 20. Jahrhunderts war Dietrich Bonhoeffer, Karl Barth und eben auch Paul Tillich, über den Sie promoviert haben, über die Sünde. Aber zunächst hat Paul Tillich gesagt, ein wunderbarer Satz, wie ich finde: »Angst ist die Abwesenheit von Vertrauen.« Wo fängt blindes Vertrauen an?

Ich würde noch einmal bei der Angst einsetzen, denn Angst ist ja etwas, das zu jedem Menschen gehört, gewissermaßen eine anthropologische Grundkomponente. Tillich hat viel über die Angst geschrieben. Er hat gesagt, die Angst gehört zum Menschsein dazu. Warum? Wir könnten ja auch nicht sein. Die erste Frage des Menschen, die Urfrage lautet: Warum ist etwas und nicht nichts? Sie provoziert den Schock des Nichtseins. Es könnte sein, dass wir morgen sterben. Deswegen gehört Angst, Angst vor der Bedrohung, nicht zu sein, zum Leben dazu. Man kann diese Angst durch Vertrauen nicht auslöschen, sondern sie bleibt eine Komponente. Die Gegenkomponente bezeichnet Tillich als Mut, als Mut zum Sein oder eben als Vertrauen. Vertrauen

ist natürlich ein viel schöneres Wort und auch eine Über-
setzung für Glauben. Wir vertrauen darauf, dass diese Welt
sich weiterdreht, dass die Sonne morgen wieder aufgeht,
dass die Liebe meines Partners ehrlich ist, dass meine
Kinder behütet durch den Tag kommen, obwohl ich nicht
neben ihnen stehe. Das sind alles Bilder für ein Vertrauen,
das wir brauchen, um leben zu können.

Ja, und im Wort Vertrauen ist ja auch sich trauen drin.
Meine Großmutter pflegte immer zu sagen: Wenn Mut
sich lohnen würde, wären alle Menschen mutig. Das
heißt, wir wollen ja für Mut auch immer belohnt werden,
was ja nicht geht, denn Mut muss sich nicht auszahlen,
Mut ist ein Wert an sich.

Ja, genau.

Sind Sie mutig?

Ja. Ich bin mutig. Und deswegen bin ich auch ängstlich.
In mir ist beides. Das sind die Ambivalenzen, von denen
Grönemeyer ganz schön gesungen hat. Ich habe beides,
ich bin mutig und ich bin ängstlich.

Was der Zuhörer, die Zuhörerin, nicht sehen kann, dass
sie lächelnd nicken, ich bin ängstlich und ich bin mutig.
Damit sind Sie glücklich, mit diesen beiden Polen. Das ist
mein Eindruck, wenn wir hier uns so gegenübersitzen.

Ich lerne in meinem Beruf als Hauptpastorin und Pröpstin
auch immer wieder, mit beiden Situationen umzugehen.
In Situationen, die mir fremd sind, in der Begegnung mit
Menschen, die ich nicht kenne oder nicht einschätzen kann,
verspüre ich gelegentlich Angst. Finde ich die richtigen

Worte? Zum Glück mache ich meist die Erfahrung, dass die Angst wieder vergeht und Begegnungen gelingen. Dann spüre ich dieses andere in mir, den Mut, der Gott sei Dank auch immer wieder geweckt wird.

Nahezu vor 50 Jahren, bevor Sie in Kiel geboren wurden, der kleinen Landeshauptstadt, wie Sie sie vorhin nannten, wurden zwei großartige Menschen in Kiel geboren, ich will ihre Namen einfach hier mal erwähnen: Lotti Huber, die wunderbare Schauspielerin, wurde in Kiel als Lotti Dora Goldmann geboren, sie ging ins Exil. Und 1912, also nahezu 50 Jahre vor Ihnen, wurde Carl Friedrich von Weizsäcker, der ältere Bruder vom Philosophen Richard von Weizsäcker, in Kiel geboren. Und der sagte: Der radikale Pazifismus ist das einzig christlich Mögliche. Er hat das dann später widerrufen, das wollen wir fairerweise sagen. Sind Sie Pazifistin?

Nein. Ich bin keine Pazifistin. Ich achte den Satz »Liebet eure Feinde«, ich respektiere auch aus der Bergpredigt das Votum von Jesus, »wenn dich einer auf die eine Backe schlägt, dann halte die andere hin«. Ich finde, das ist ein Ethos, das wir in unserer Gesellschaft brauchen. Ich bemühe mich, keine Gewalt auszuüben.

Aber es ist Ihnen nicht gegeben.

Ganz genau. Ich bin keine radikale Pazifistin.

Sprechen wir noch einmal über Paul Tillich. Sie haben über den Begriff der Sünde bei Paul Tillich, dem bedeutenden Theologen, promoviert. Inwiefern unterscheidet sich der Begriff der Sünde bei ihm von einem gängigen Begriff der Sünde?

Unter einem gängigen Begriff der Sünde verstehen wir ja ein moralisches Vergehen, immer gern im sexuellen Bereich.

Hildegard Knef, die Sünderin.

Genau. Erotik, Sexualität, manchmal auch Süßigkeiten oder Verkehrs- und Steuersünder erkennt man ...

Süßigkeiten, das ist schon eine Sünde?

Ja, Schokolade. Wie heißt es, die schönste Sünde der Welt.

Ach so, Sie sprechen mit einem Sünder, Frau Dr. Murmann.

Das ist das gängige Verständnis. Das Traditionelle lautet so: Du hast einen Fehler gemacht, also bist du ein Sünder. Ich sehe den Zeigefinger des Pastors oder des Vaters oder der Mutter vor mir und fühlte mich ganz klein und schlecht.

Das machst du nicht noch mal!

Genau. Beides ist viel zu eng und auch viel zu sehr an dem Empfinden von Moralität und Zeitgeist gebunden, als dass es wirklich trägt. Tillich hat eine moderne und liberale Auffassung von Sünde entwickelt. Er sagt: Sünde ist nicht dieses Gesetzliche, sondern Sünde ist etwas ganz Grundsätzliches, das zu jedem Menschen gehört. Sünde bedeutet, dass der Mensch von sich selbst entfremdet ist, dass er also nicht das tut, was eigentlich zu ihm gehört, was eigentlich gut für ihn wäre. Er ist außerdem entfremdet von seinem Nächsten, er tut nicht das, was für den Nächsten gut wäre. Und er ist entfremdet von Gott. Sünde **145** *heißt, du entfremdest dich von dem Wesentlichen, von dem Guten deines Lebens.*

Wie kann ich das verhindern?

Indem man aufmerksam lebt und sich die Tatsache bewusstmacht, ohne an ihr zu verzweifeln. Ich weiß, dass ich nicht alle Gebote erfülle, ja gar nicht erfüllen kann. Trotzdem bin ich ein geliebtes Wesen, trotzdem habe ich eine Würde. Das finde ich ganz hilfreich. Entfremdungsphänomene gehören zu uns und zu unserer Gesellschaft, beispielsweise zu unserer Arbeitswelt. Wir Menschen entfremden uns von uns selber, wenn wir zu viel arbeiten, wenn wir in ...

Wir verlieren uns.

Hegel und Marx haben das so beschrieben: der von seiner Arbeit entfremdete Mensch arbeitet nur, um Geld zu verdienen, hat aber keine sinnerfüllende Tätigkeit. Wir entfremden uns voneinander, wenn wir Krieg führen. Man kann das wirklich in viele Bereiche des Lebens übertragen.

Ja, wir haben auch den Totenkult zur Disposition gestellt, etwa durch Discount-Beerdigungen, die Familien brechen auf. Gehen Sie gern über Friedhöfe?

Ja. Im November ist das natürlich auch eine besondere Zeit, weil da ...

Sie lächeln dabei, während Sie das sagen.

Ja, weil ich lebe auch mit der christlichen Hoffnung. Ich glaube, dass mit dem Tod nicht alles aus ist, sondern dass sowohl mein Eingang ins Leben dieser Welt als auch mein Ausgang aus dem Leben von Gott umfangen ist. Deswegen fürchte ich den Tod nicht. Woody Allen hat den Satz gesagt: »Ich habe keine Angst vor dem Sterben, ich möchte nur nicht dabei sein, wenn es passiert«, ein schönes Bonmot. Natürlich weiß ich nicht, wie ich in der Sterbesituation reagiere, ob ich dann diese Glaubensgewissheit tatsächlich habe. Ich hoffe jedenfalls darauf, dass mich dieses Vertrauen auch in jener Stunde trägt.

Woody Allen hat auch gesagt, ich möchte nicht in meinen Filmen weiterleben, sondern lieber in meinem Appartement.

Wunderbar.

Sie haben mich in Vorbereitung auf dieses Gespräch eingeladen in Ihre Kirche St. Katharinen, die eindrucksvoll ist, die nahe der Elbe steht, nahe der Speicherstadt. Die Gemeinde vergrößert sich jetzt wieder durch die Hafen-City. Aber ich will auch nicht verhehlen: Ich war auch beeindruckt, weil es eine immense Baustelle ist. Ich habe das Gefühl, das kann nicht alles vom Staat oder von der Evangelischen Kirche oder von der Stadt kommen. Wobei ich finde, diese fünf Hauptkirchen, das sind ja auch Visitenkarten der Freien und Hansestadt Hamburg, touristische Anziehungspunkte. Brauchen Sie also Geld?

Ja, ich brauche noch Geld. Wir haben diese Kirche zwar grundsaniert, das Dach, den Turm, die Außenfassade und den Innenraum. Aber wir sind einfach noch nicht am Ende. Eine Kirche ist wohl eine Never-Ending-Baustelle. Immer wieder stoßen wir auf Flächen, die dringend der weiteren Sanierung bedürfen. Wir haben jetzt noch einen Seitenpfei-

*ler des Außenmauerwerks gefunden, der bisher überse-
hen wurde, ein Strebepfeiler, der die Kirche stützen soll,
der aber mit dem Mauerwerk gar nicht mehr verbunden
ist.*

Sie haben ein Tor gefunden, ein Portal, von dem Sie keine
Kenntnis hatten?

*Dieses Tor stammt aus dem 14. Jahrhundert und war frü-
her der Eingang in diese Kirche von der Innenstadt her.*

Liebe Frau Dr. Ulrike Murmann. Ich habe heute viel gelernt. Ich habe gelernt, dass man Vertrauen haben muss
ins Leben, dass man aber auch Angst haben darf. Ich habe
gelernt, dass man nicht gute Werke verrichten muss, damit der liebe Gott einen liebt. Lassen Sie mich fragen: Was
ist für Sie der liebe Gott? Was stellen Sie sich assoziativ in
dem Moment vor, wenn ich Ihnen diese Frage stelle?

*Gott ist mehr als der »liebe« Gott. Gott ist umfassend, welt-
umfassend.*

Ist der liebe Gott in uns, ist er in der Natur? Da gab es
die Mystiker, es gab die Deisten, die gesagt haben, der
Gott ist in der Pflanze, Meister Eckhart u.a., alles sehr
schöne Bilder. Aber wenn Sie den lieben Gott anflehen, er
möge Ihnen bei einer bestimmten Herausforderung besonders helfen, dann denke ich: Als Filmmensch brauche
ich mehr Bilder als ein anderer Mensch, ich brauche doch
irgendeine Vorstellung, wer dann gütig sein Haupt zur
Seite neigt und sagt, mein lieber Meyer-Burckhardt, in
deinem Fall will ich mal ein bisschen zusehen, dass man
dir wieder auf die Füße hilft. Haben Sie so eine kindliche
Vorstellung nie gehabt oder auch heute nicht?

Doch, die hatte ich natürlich, den alten Mann mit dem Rauschebart, der auf so vielen Bildern der Kunst abgebildet ist, natürlich wird man so groß. Und dann die Engel, die dabei sind und mit ...

Das ist ja auch schön.

Das ist herrlich, und es soll auch so sein: Kinderglaube ist wichtig. Man trägt diesen bis an sein Lebensende in sich. Aber man geht doch auch ein paar Schritte weiter. Wenn ich zu Gott bete, habe ich kein Gesicht vor Augen, sondern denke an eine Kraft, die mich umgibt und für mich da ist, die aber nicht nur mich umgibt, sondern auch den Menschen, für den ich dann bete. Das klingt jetzt vielleicht für Sie ein bisschen abstrakt, aber das ist die Art, wie ich bete.

Eine letzte Frage: Ist Glücklichsein eine Entscheidung für Sie?

Glücklichsein ist ein Geschenk, eine Gnade, ein Gesegnetsein. Und ich bin das, Gott sei Dank.

Nachsatz

Der Glaube vertieft das Denken. Dieser Satz von Ulrike Murmann hat mir, der ich immer gern auch geglaubt hätte, es aber nie vermochte, geholfen. Er hat in meinem Kopf, vielleicht sogar in meiner Seele, eine Tür geöffnet. Das scheint Ulrike Murmann, die eigentlich Philosophin werden wollte, geradezu meisterhaft zu beherrschen. **149**

7 HUBERTUS MEYER-BURCKHARDT
ERIKA PLUHAR

Wir begegneten uns erstmalig im Hotel Budersand auf Sylt. Elke Heidenreich hatte zu einer Podiumsdiskussion eingeladen. Wir saßen beide auf dem Panel – das Thema, um das es ging, habe ich vergessen. Nicht vergessen habe ich den Eindruck, den Erika Pluhar in den ersten Minuten auf mich machte: eine Königin, die ihr eigenes Reich gleich mitgebracht hat. Ob man es betreten darf, entscheidet allein sie. Dies Reich hat sie allein für sich geschaffen. Man hüte sich zu glauben, dass dieses »Pluhar-Land« reine Phantasie ist; nähert man sich ihm, begreift man schnell, dass sie auch sehr solide Grenzbefestigungen hinzuerfunden hat.

Es war nicht ganz einfach, sie für dieses Gespräch zu gewinnen. Sie hat einen selbstbewussten Manager, der ihre Interessen zu vertreten weiß. Später begriff ich, dass sie sich mit dem Alltag, also beispielsweise der Organisation einer Reise von Wien nach Hamburg, nicht befassen möchte. (Mir fällt Churchill ein, der, befragt, was Luxus sei, geantwortet hat: »Transportation«.) In unserem Gespräch in den FRAUENGESCHICHTEN beschreibt sie sich fast entschuldigend: »Ich lebe zwischen den Träumen und Erfindungen. (...) Ich bin kein sehr begabter Mensch für alles, was man Realität nennt.«

Sie sieht das Leben als Geschenk, auch wenn es einem nichts schenkt.

Sie war mit Andre Heller verheiratet und mit Udo Proksch. Mit Proksch hatte sie eine gemeinsame Tochter, die infolge eines Asthmaanfalls und anschließendem Herzversagen verstarb. Beide Ehen resümiert sie in unserem Gespräch wie folgt:

»Ja, das waren schon zwei Kaliber. Da muss man schon zuschauen, dass man unbeschadet aus solchen Ehen wieder rauskommt.«

Gleichwohl verteidigt sie Proksch, der wegen sechsfachen Mordes im Gefängnis einsaß und auch dort verstarb, noch heute. Und mit Heller verbindet sie eine lebenslange Freundschaft. Ja, das Leben sei zwar eine Zumutung, aber darin stecke eben auch das Wort Mut. In der Zumutung ... Und: Sie sei zwei Menschen nahegekommen; um festzustellen, dass sie so nicht leben will.

Dies alles erzählt sie in dem eher engen Aufnahmestudio des NDR mit großer Beherrschtheit, manchmal gar mit Heiterkeit, in jedem Falle aber mit einer lasziven und zugleich autoritären Körpersprache. Erst femme fatale, dann Emanze: Darauf sei sie stolz. Dass ihr das in einer Lebenszeit gelungen ist, dass sie diese zwei weiblichen Aspekte beleben und ausleben konnte.

Ich begleite Erika Pluhar nach der Aufzeichnung noch bis zum Treppenhaus des Funkhauses, weiter nicht. Sie bedurfte nicht meiner Begleitung bis zur Rothenbaumchaussee hinunter, wo das Taxi wartet.

»Bis irgendwann einmal«, sagte sie resolut zum Abschied. Und dann drehte sie sich auf den Stufen doch noch einmal um. »Schön, dass wir Gerd Blasche erwähnt haben.« Gerd Blasche, Mitglied der Intendanz des Burgtheaters, hatte sie 1999 verboten, die Abschiedsrede zu halten. Erika Pluhar gab damals nach 40 Jahren auf eigenen Wunsch(!) den Schauspielerberuf auf. Sie wolle einfach keine Rollen mehr spielen, und die Rede halte sie gern selbst, bei aller Hochachtung vor Dr. Gerd Blasche. Eine Königin eben.

»ICH HATTE IMMER NUR EINE STURHEIT IM TUN.«

Heute ist eine große Künstlerin aus Wien zu Gast bei mir. Ich begrüße von Herzen Erika Pluhar.

Ja, dann begrüße ich Sie auch von Herzen, und ich freue mich auch sehr, weil ich immer so gern in Hamburg bin!

André Heller hat über Sie gesagt: Würde man versuchen, die Wurzel aus dem zu ziehen, was halbwegs informierte Menschen als Bild von Erika Pluhar besitzen, erhielte man wahrscheinlich folgendes Ergebnis: eine ungewöhnlich gut aussehende Frau mit einer der schönsten Stimmfärbungen des deutschen Sprachraums, eine seit Jahrzehnten gesellschaftspolitisch engagierte, erfolgreiche Autorin zahlreicher Bücher, Sängerin und Konzertkünstlerin mit eigenen Liedern, die früher einmal eine berühmte Schauspielerin war.

Ach! Na ja, hat der gelobhudelt, mein lieber Heller.

Aber man glaubt doch nicht, wie viel Lob man vertragen kann.

Man verträgt es gut, ja.

Haben Sie Ihr Leben geplant?

Ich hatte Vorhaben, sagen wir so, ich hatte ganz früh das Vorhaben, mich mit Dingen zu befassen, bei denen es darum geht, Leben zu erfinden. Ich bin ja '39 geboren, also

hineingeboren in diesen Krieg, und das ist schon etwas

Prägendes. Wenn ein Kind Leben erfährt und wahrnimmt, und dann ist das Krieg, und dann sind das Bomben, und dann ist das Angst und Katastrophe – das traumatisiert, und das habe ich auch irgendwie so mitbekommen. Als ich diesen Krieg überlebt hatte – rückblickend weiß ich das jetzt so genau – und es die Möglichkeit gab, Bücher zu lesen oder etwas zu schreiben oder Filme zu sehen, da war ich ganz schnell dabei, weil es da immer um Leben ging, das man selber erschaffen kann.

Es wurde ein Porträt über Sie gedreht. Vor gar nicht langer Zeit haben Sie da in die Kamera gesagt: Ich lebe zwischen den Träumen und zwischen den Erfindungen. Ich verstehe den Satz nicht. Helfen Sie mir.

Das reale Leben. Ich bin kein guter Mensch für Alltag, und ich bin kein sehr begabter Mensch für alles, was man Realität nennt. Ich habe es schon gelernt, soweit ich es brauche. Aber für mich gibt es dieses zweite Leben, das uns ja ständig begleitet, also das Leben in den Träumen. Träume auszuloten ist sehr spannend, jetzt ganz abgesehen von jeder Psychoanalyse. Da tun sich wirklich Bereiche auf – wenn man in der Lage ist, sich das zu merken, ist es ganz erstaunlich, wohin man da gerät. Und die Erfindungen, das sind Kreationen, die man selber in der Lage ist, seinem Leben anzufügen. Wenn man z. B. ein Buch schreibt, geht man in etwas anderes hinein, und man kann es aber auch selber formen und gestalten und kann eine Welt erschaffen, die so ist, wie man sie gerne hätte. Und zwischen diesen zwei Bereichen habe ich natürlich noch mein reales Leben.

Sie sagten gerade, Sie sind nicht sehr begabt für das reale Leben, für das praktische Leben. Unter diesem Aspekt kann ich die Äußerung besser nachvollziehen, dass das Leben aus Ihrer Sicht ein immerwährender Angstabbau ist. Wenn Sie gerade von den Träumen sprachen: Haben Sie manchmal auch Angst vor sich, vor Ihren Träumen?

Nein, ich habe Angst vor dem Leben. Denn ... es gibt eine Formulierung, die ich in letzter Zeit sehr oft nutze und die mich wirklich überfallen hat: Unser Leben ist eine Zumutung, aber in diesem Wort steckt der Begriff Mut. Und das weiß ich mittlerweile so genau. Wir sind ja alle unglaublich tapfer. Wir kommen zur Welt, und sehr bald wissen wir, dass wir auch mal sterben werden. Und in diesem Wissen sind wir tapfer und leben und arbeiten und tun und freuen uns und leiden und haben Kinder und haben Familie und haben Beruf usw. Wenn ich mir das in dieser Weise überlege – obwohl ich uns Menschen als Spezies grauenvoll finde, wenn ich beobachte, was da so passiert und wie unbelehrbar und schauerlich unsere Gattung sein kann –, so ist doch jeder einzelne Mensch wirklich etwas Tapferes.

Wir wollen Ihr Leben ein bisschen beleuchten. Das war nicht frei von Schicksalsschlägen, und das Wort »Trotzdem« hat insofern eine große Bedeutung in Ihrem Leben. Der Gedanke stammt eigentlich von Viktor Frankl, einem Therapeuten, Psychologen, Wiener, der Auschwitz überlebt hat und trotzdem an die Lebensfreude glaubte.

Sein berühmtestes Buch heißt »Trotzdem Ja zum Leben sagen«. Aber das Erstaunliche ist, ich kenne seine Witwe jetzt sehr gut. Und die sagt immer: Mein Gott, der Viktor, der hätte dich so gern kennengelernt! Und ich, nachdem ich jetzt so viel von ihm weiß, ich hätte ihn auch so gern kennengelernt. Aber aus irgendeinem Grund sind wir einander nie begegnet, und ich habe mein Trotzdem ganz unabhängig von seinem Trotzdem natürlich gelebt. Ich werde zum Symposium geladen, das von ihm handelt, und singe meine Trotzdem-Lieder und spreche meine Trotzdem-Texte. Aber dahin gelangt bin ich ganz eigenständig und vielleicht auch mit einer anderen Form von Holocaust, mit Verlusten, die eben persönlicher, ganz gravierender Natur waren. Ja, und leider konnte ich mich mit diesem doch sehr, sehr bescheidenen und wunderbaren Mann nie unterhalten. Leider.

Sie haben während Ihres Liedes Trotzdem ein Trotzdem noch geschrien.

Das war mein erstes »Trotzdem«, es gibt auch noch spätere. Damals habe ich es noch mit sehr viel Revolte verbunden, denn das war die Zeit meines politischen Bewusstwerdens, und ich hatte noch diese jugendliche Hoffnung, dass die Zukunft alles sehr positiv verändern wird.

»Ich hatte immer eine Art Sturheit im Tun.« Das ist ein Satz von Erika Pluhar. Das hat mich insofern gewundert, Frau Pluhar, weil die Generation, aus der Sie entstammen, ja nicht zwingend selbstsicher ist und selbstsicher war. Sie haben Umbrüche erlebt, aber Sie hatten diese Sicherheit im Tun.

Das hatte gar nicht mit einer so treuen Selbstsicherheit zu tun. Ein Beispiel: Für mich selbst fällt nie das Wort Karriere, also für das, was mich betrifft. Ich habe nie gesagt: Ich mache Karriere! Ich nenne das, was ich tun will, einfach »mein Tun«. Und da war ich eigenartigerweise immer sehr klar, was ich wollte und was nicht. Zum Beispiel der gute Heller, der wollte ja so gern, dass ich singe und so wie eine Marlene Dietrich internationaler Superstar werde. Und

155

dann war er sehr enttäuscht, dass ich diesen Weg eben nicht einschlagen wollte, sondern dass ich eher diesem Begriff ›small is beautiful‹ anhänge. Also, ich habe gern alles ein bisschen überschaubar und von mir auch kontrollierbar und gebe es nicht gerne aus meinen Händen – Das kann man als Sturheit bezeichnen, oh ja!

Der gute Heller war, glaube ich, oder ist, nach wie vor sehr stolz auf Sie. Denn er hat, als Sie den Billy-Wilder-Award bekommen haben, das Publikum darauf aufmerksam gemacht, dass Sie gemeinsam bei dem Schauspieleragenten Paul Kohner in Amerika waren und der gesagt habe: Na ja, wenn ihr rüberzieht, dann ist mit der Pluhar auch eine internationale Karriere möglich. Und …

Ich wollte halt nicht rüberziehen.

Sie wollten nicht, Sie sind durch und durch Wienerin?

Ja, und ich bin ein sesshafter Mensch. Also wenn es sein muss, dann reise ich schon, und ich möchte ein, zwei Mal im Jahr in Portugal am Atlantik sein. Aber ich bin sicher nicht so eine, die Fernweh hat. Ja klar, ich wollte in Wien bleiben.

Wir reden immer wieder über Heller, aber die Äußerungen des André Heller sind wie eine Perlenkette von lauter Kostbarkeiten. Ich zitiere ihn unangenehmerweise noch mal, er sagte auch: In Wien werden die Menschen mit siebzig geboren und leben sich dann auf fünfzig Jahre runter. Ist Wien eine alte Stadt?

Das ist seine Beurteilung von Wien. Das ist aber nicht meine. Es gab Jahre, wo alle Wiener Künstler und Intellek-

tuellen das Gefühl hatten, sie müssten Wien ein bisschen hassen. Und viel zum Friedhof gehen usw. Das hat sich inzwischen auch bei denen gewandelt, nur ich hatte es nie nötig, Wien zu lieben, indem ich es vorher mal hasse. Also ich habe diese Stadt immer gern gehabt, ich hatte sie auch, um noch mal diesen Krieg anzusprechen, sehr gern, als sie noch kaputt war und Schutt herumlag. Das waren für mich Landschaften, in denen ich als Kind spielen konnte. Ich mochte auch das graue Nachkriegs-Wien, das so gar nicht glanzvoll war. Wien hat sich immer mehr erholt, ist aber auch nicht durch ein Wirtschaftswunder rasch verdorben worden, das ist sehr, sehr günstig gewesen, und Wien ist jetzt eine ganz wunderbare Stadt. Also, ich lebe sehr gern in Wien. Und da ich so am Rande von Wien wohne, in Grinzing, wenn ich dann, wie man so schön sagt, in die Stadt fahre, dann bin ich wie eine Reisende, dann fahre und gehe ich herum und staune. Es ist eine wirklich wunderbare Stadt, und ich verstehe sehr gut, dass so viele Menschen, sogar aus Italien, nach Wien kommen, da sagt man doch: Wien hat einen ganz besonderen Reiz.

Wenn man Sie hört, wie Sie über Ihr Haus sprechen, das in Grinzing steht, dann kommt es einer Liebeserklärung an einen Menschen gleich, dann wird einem deutlich, wie sehr Sie, wie wir hier im Norden sagen, ein Schollenmensch sind, der die Scholle braucht.

Ja, vor allem dieses Haus, da sind meine Wurzeln, wenn man davon sprechen kann, mein Humus, dort muss ich immer wieder zurück, und dort bin ich sehr, sehr gern.

Reden wir über ein anderes, berühmtes Wiener Haus, das Wiener Burgtheater. Sie sind als ganz junge Frau, man darf fast sagen, als junges Mädchen, mit zwanzig, dort an die Erste Bühne, nicht nur die erste Bühne in Österreich, die erste Bühne im deutschsprachigen Raum, gekommen. Und mir scheint, Ihnen ist es wichtig, dass es Ihnen schon damals, als Sie noch Schauspielerin waren und das auch sein wollten, wichtig war, in einem harmonischen Umfeld zu arbeiten. Warum komme ich darauf? Sie schreiben in Notizen zum Burgtheater, ich zitiere: »In meinen Anfängen gab es die zarte gütige Noblesse eines Rudolf Steinberg oder den Leopold Lindberg.« Sie begegnen aber auch in dieser frühen Zeit Fritz Kortner, der nicht für Harmonie steht. Von Kortner ist ja der böse Satz, oder er wird ihm zumindest zugeschrieben: Schauspieler sind im Grunde recht angenehme Leute, wenn man mal von den Erfolgreichen und den Erfolglosen absieht. Also, er hat vom Schauspieler-Hass sicherlich gelebt. Aber ist es eine gültige, richtige Beobachtung, dass Sie für Ihre darstellerische Arbeit Harmonie gebraucht haben?

Ich würde nicht sagen, nur Harmonie. Es ist eine Auseinandersetzung, bei der es würdig und einfach und trotzdem liebenswürdig zugeht, das gehört schon dazu. Auseinandersetzung ist immer wichtig, um wieder zueinanderzufinden. Aber etwas anderes war seit den frühen Jahren am Theater bei mir wirklich der Fall: Diese Bretter haben nie die Welt für mich bedeutet. Das sage ich immer wieder und habe es damals schon gesagt. Für mich bedeutet die Welt die Welt und nicht diese Bretter. Und ich war auch in jungen Jahren nicht mit Kortners Schauspieler-Hass ausgestattet, aber doch mit sehr viel Skepsis und Kritik. Also, das pure Schauspielersein, wenn es sich nicht verbindet, auch nicht mit einer anderen Vision von Leben und von Darstellung, vor allem, wenn es sich nicht mit Inhalten verbindet, hinter denen man stehen will, das war nie mein Fall. Und wenn eine Zusammenarbeit für mich fruchtbar und schön war, dann mussten oder dann sollten die Vorstellungen, die man von dem hat, was man erreichen will, ein bisschen zusammenpassen. Diesen Kadaver-Gehorsam, der sich später auf dem Regietheater entwickeln musste, den konnte ich nie leiden. Wenn man mich nicht selbstständig denken und handeln ließ in einer schauspielerischen Arbeit, dann hatte ich sie nicht sehr gern.

Ihr Intendant, unter dem Sie künstlerisch erblüht sind, war Achim Benning. Interessanterweise in Magdeburg geboren und nicht in Wien. Er war, glaube ich, Schauspieler und Regisseur und wurde dann von Fred Sinowatz, den wir später als Bundeskanzler kennengelernt haben und der damals Erziehungsminister in Österreich war, zum Intendanten berufen. Was eine mutige Entscheidung war und Ernst Haeusserman abgelöst hat. Während dieser Intendanz haben Sie unter Peter Hall im Akademie-Theater Harold Pinters »Old Times« gespielt mit Annemarie Düringer und Maximilian Schell. Und das beschreiben Sie als die Zusammenarbeit, die Ihnen sehr zugesagt hat, in der Sie sich aufgehoben gefühlt haben. Wenn alle folgenden Inszenierungen die Qualität der Zusammenarbeit mit Peter Hall gehabt hätten, wären Sie dann Schauspielerin geblieben? Oder war diese Geschichte des künstlerischen Ausdrucks zu Ende erzählt?

Das kann ich natürlich nicht sagen, weil das nicht so passiert ist. Diese Arbeit mit Peter Hall war für mich irgendwie wegweisend, aber nicht die einzige erfüllende Arbeit. Peter war ja ein wunderbarer Theaterautor, er hat sich ja an Tschechow orientiert. Und ich habe sehr viele Russen gespielt, unter Achim Benning Tschechow und Gorki. **159**

Aber bei Peter war für mich so beeindruckend – und das habe ich bei meinen späteren Arbeiten für mich weitergeführt –, dass man, wenn man sagt, ich bin glücklich, dass man dann nicht explizit gleichzeitig sagen muss, ich bin unglücklich, nein, sondern dass hinter diesem positiven Satz eine tiefe Trauer stehen kann. Dass also hinter den Sätzen eine Empfindung stehen kann, die man äußern kann, obwohl man bei diesem Satz bleibt. Mache ich mich verständlich?

Durchaus.

Das hat mich so unerhört begeistert, und das hat dann meine weiteren Arbeiten mitbestimmt und es war mir auch möglich, das in weiteren Arbeiten umzusetzen. Aber irgendwann einmal ist da für mich die Luft rausgegangen. Und vielleicht war's nicht nur dieser andere Tenor, der einfach die Theaterlandschaft zu bestimmen begonnen hat. Ich wollte irgendwann mal keine Rollen mehr spielen. Als ich dann weg bin, nach vierzig Jahren, beim Burgtheater, da haben immer alle »warum?« zu mir gesagt. Dann hab ich die einfache Antwort gegeben: Ich möchte keine Rollen mehr spielen! Und da hat man mich oft nicht verstanden, obwohl es für mich die legitimste Antwort ist, warum man nicht mehr in diesem ganzen, ich würde sagen, engen Sinn Schauspieler sein möchte.

Darüber reden wir gleich. Ich möchte aber doch noch erwähnen, dass Sie bei Ihrem Abschied nach einer »Kinder der Sonne«-Vorstellung am 28. Februar 1999 einem Mann eine Rede verboten haben, der in Hamburg dem einen oder anderen noch bekannt ist, nämlich Dr. Gerhard Blasche, der nun schon viele, viele Jahre zur Intendanz des Burgtheaters gehört.

160

Immer noch! Immer noch. Und der neben Boy Gobert in den Siebzigerjahren am Thalia-Theater die Nummer zwei war. – Der liebe Gerhard ist mir ein guter Freund, immer gewesen, und der hat schmunzelnd zur Kenntnis genommen, dass ich meine Abschiedsrede selber halten wollte.

Wir gehen jetzt musikalisch in die Kindheit und Jugend von Erika Pluhar. Sie hatten sich gewünscht von Zarah Leander »Ich weiß, es wird einmal ein Wunder geschehen«.

Ich weiß ja, Zarah Leander und die Nazis, das wird dann immer so ... ja. Für mich war das damals ..., ich konnte nicht wissen, wie das politisch ausgesehen hat, und ich hab »Zala Leander« dazu gesagt, »Zala Leander«. Und dass einmal ein Wunder geschehen wird, das war mir als kriegsgeschädigtem Kind einfach ein toller Gedanke.

Also wir hören jetzt »Zala Leander«: »Ich weiß, es wird einmal ein Wunder geschehen.«

Die »Zara Leander«, die dann stigmatisiert blieb ihr Leben lang.

Und sich in Schweden ...

... zurückgezogen und dort eine sehr trübe Zeit erlebt hat. Sie konnte noch so sehr versuchen, alle Vorwürfe abzuwehren, so was bleibt! Ähnlich war es mit einer, ich würde fast sagen, Kollegin am Burgtheater. Ich hab mich sehr, sehr viel mit Paula Wessely unterhalten und hab auch oft anderen Kollegen gesagt, sie sollen sich nicht so leicht tun mit ihrer Beurteilung dessen, was damals geschah. Denn ich bin ein Vertreter der Gegenwartsbewältigung. **161**

Vergangenheitsbewältigung, die soll schon sein, aber man sollte dabei auch sehr, sehr aufpassen, was man in der Gegenwart für Blödheiten verzapft. Wenn ich bedenke, was Schauspieler oft tun, bei welch idiotischen Sachen sie mitmachen, wie sie Werbung machen, wie sie sich verkaufen, dann ist das für mich schon ein leichter Hinweis darauf, dass man zu wenig drauf aufpasst, auf sich selbst achtet im öffentlichen Leben. Und unsere Zeit zwingt uns auch nicht, die Entscheidung zu treffen, werden wir Held oder werden wir nicht Held.

Na ja, na ja, ganz so ist das nicht. Es gibt ja doch immer noch Künstler, die sich für alles Gute und Schöne einsetzen. Wenn ich mich engagiere, dann tue ich das eher unter dem Motto: Ohne Rücksicht auf Verluste! Als meine Tochter starb, in der Zeit habe ich sehr, sehr offen gegen Jörg Haider Stellung bezogen, hab auch ein Lied gemacht, dass das besungen hat. Daraufhin hab ich mehrere anonyme Briefe bekommen des Inhalts, dass mir das recht geschieht, dass meine Tochter tot ist, weil ich gegen diesen Kerl bin. Und da hab ich gemerkt, wie das sehr schnell kippen kann.

Sie sprechen den Tod Ihrer Tochter an, die an einem Asthmaanfall ...

An sich war es dann das Herz, als sie starb, ja.

Ja, Sie sprechen es von sich aus an. Die Frage als Vater, gestatten Sie mir bitte: Wie überlebt man den Tod eines Kindes?

Die Frage erhalte ich oft, und ich spreche auch immer über meine Tochter, weil ich möchte über sie sprechen, und ich möchte sie nicht ... Es war nie irgendwo so, dass ich gesagt hätte, nein, darüber möchte ich nicht ... nein, ich spreche darüber. Es ist der Tod – also ich bin auch gestorben. Als Vater verstehen Sie das sicher. Und danach habe ich so eine Zeit lang – ich nenn das immer – gelebt wie hinter Glas. Ich hab funktioniert. Aber da gab es meinen Enkelsohn, den ich adoptiert hab, der Pluhar heißt und der ein afrikanischer Mensch ist, dreiunddreißig Jahre alt inzwischen, der war damals fünfzehn, und der hatte wirklich nur mich. Den konnte ich nicht im Stich lassen!

Dem Publikum im Norden, dem die Situation vielleicht nicht so klar ist: Ihr Stiefenkel hieß Pluhar, damit er nicht Proksch hieß.

Ja. Der Vater meiner Tochter war dieser ominöse wienerische Mensch, der dann wegen sechsfachen Mordes im Gefängnis saß. Was er da getan haben soll, glaub ich nicht, aber darüber wollen wir jetzt gar nicht reden.

Nur der Vollständigkeit halber. Sie sind von seiner Unschuld nach wie vor überzeugt?

Also, er hat Blödheiten gemacht, immer! Aber das, weswegen er saß, hat er meiner Meinung nach nicht getan. Aber ich hab mich auch nur wenig mit ihm darüber unterhalten und hab mir gedacht, das ist seine Sache und er leidet für etwas, was auch immer es sei. Aber zu dieser Straftat war er meiner Meinung nach nicht fähig. Nur der Name des Beelzebubs war damit da: Proksch. Und meine Tochter hat dann gesagt: Bitte kannst nicht du jetzt hier sein? Ein ausländischer Mensch soll jetzt auch noch Proksch heißen! Als sie starb, hatte ich das Gefühl, dahinter hat noch so irgendetwas bei ihr ... ich will das jetzt nicht irgendwie ... aber so eine leichte Vor-

ausschau vielleicht ... Denn natürlich hat es nach ihrem Tod einiges erleichtert, dass er vor dem Gesetz mein Sohn war.

Liebe Erika Pluhar, Sie haben sich von Frank Sinatra den Song »The Girl from Ipanema« gewünscht.

Es gab damals eine wunderbare Plattenproduktion. Frank Sinatra hat sich dann mit dem Jobim, diesem ganz wunderbaren ...

Antônio Carlos Jobim ....

Also ein Bossa-nova-König. Und durch die gemeinsame Plattenproduktion ist diese Musik bei uns auch sehr populär geworden. Und da ich schon seit vielen Jahren, seit Jahrzehnten Portugal und seine Sprache liebe, war natürlich dieses Brasilianische mir auch immer sehr nah. Die Musik auf dieser Platte hat mich gleich beim ersten Mal wirklich fasziniert.

Meine Damen und Herren, wir fahren jetzt mit Frank Sinatra und Erika Pluhar nach Portugal.

Also, das höre ich nach wie vor so gern, und immer wieder!

Sie haben mal gesagt: Eine Schauspielerin darf eben nie auch Schriftstellerin oder gar Dichterin sein oder sich zu einer solchen entwickeln. Sie haben sich, fangen wir mal mit der Musikerin an, Sie haben es gleichwohl gemacht. Wer hat Sie zur Musik gebracht?

Na, schon Freund Heller, der irgendwann fand, warum soll die nicht mal meine Lieder singen, und das waren noch

164

*anfangs die von ihm getexteten und entworfenen Lieder.
Und damit hatte ich auch großen Erfolg. Aber dann hab
ich sehr schnell festgestellt, dass man hinter den Liedern
viel mehr persönlich, also als der Mensch, der man ist,
steht als bei der Schauspielerei – da ist man eine andere
Figur. Dann hab ich sehr mich bemüht, irgendwo Texte
zu finden, Stephan Sulke und Wolf Biermann hab ich so
... Mit Biermann-Liedern hab ich auch eine wunderbare
Platte gemacht, die ihm allerdings damals nicht gefallen
hat, dann hab ich sie längere Zeit nicht mehr gesungen,
jetzt hab ich sogar wieder im Programm ab und zu einen Song von ihm. – Nur, und das hat sicher mit meinem
Dasein als Frau zu tun und mit meiner Generation: Diese
Selbstverständlichkeit, sich zu sagen, also, dann schreib
ich mir meine Lieder selbst, da musste ich eine Weile darum ringen, bis ich mich das getraut hab. Aber dann ist
es losgegangen, und bis heute singe ich also maßgeblich
von mir selbst getextete Lieder. Es ist sehr schwer, aus
Schubladen rauszusteigen. Noch dazu als Frau: Also, da
bleib doch Schauspielerin, musst du auch noch Bücher
schreiben? Nein!*

... als Kammerschauspielerin!

*Warum Bücher schreiben? Genau dieser Punkt macht
mich, wenn ich das so sagen darf, ein bisschen stolz. Dass
es mir gelungen ist, nicht nur als Schauspielerin eine Biografie zu schreiben oder schreiben zu lassen – solche Bücher gibt's ja ganz viele –, sondern dass ich mich wirklich
als eine Schriftstellerin etablieren konnte. Ich hab eine
Leserschaft, bei der es den Jüngeren ganz egal ist, ob ich
da mal Schauspielerin war oder nicht. Und dieses Faktum
hab ich sehr gern.*

Was ja Heller sagte in seiner Rede. Er stellte Sie vor als eine Autorin, also eine Musikerin, die eigene Lieder zu Gehör bringt, die früher ...

Ja, und sonst war's der Papa Heller, nicht! Der Papa wird's schon richten, so irgendwie! Aber ich konnte mich aus dem einen irgendwie lösen, und es ist mir gelungen, da auch wirklich ich selbst zu sein und mein Eigenes zu machen.

Der Heller gibt da ein bisschen eitel, oder das bisschen lass ich weg, gibt da eitel zu Protokoll: Er hat ein Erbe angetreten aus der Schokoladenfabrik Heller. Das waren damals achthunderttausend Schilling, das sind etwa hunderttausend D-Mark gewesen oder ein bisschen mehr. Und er hat es in einen Film investiert. – Er war damals neunzehn. Und er sagt etwas kokett: »Ich habe damals nicht an die Zukunft des österreichischen Films geglaubt, sondern lediglich an das Gesicht der Hauptdarstellerin Erika Pluhar, das hat gereicht, um mein Erbe zu verpulvern, für die Chance, ihr vorgestellt zu werden.«

Na gut.

»Und es ist ja eine Bühnengöttin.« Also, das ist ... ja, ich zitiere, Frau Pluhar. Es sind nicht meine Worte.

Also nachträglich lobt er mich über den grünen Klee und so. Es war aber nicht so, er hat schon gedacht, wenn er sein Erbe in einen Film steckt, da wird was draus werden. Ich sag halt immer, er hat sein Geld verloren, aber mich gewonnen. Und das war's natürlich letztendlich.

Er sagt aber in dieser Rede, und das finde ich bezeichnend: Unbewusst wollte ich ihr Leben zerstören.

So scheint es gewesen zu sein, wenn er es selber behauptet. Es war nicht leicht, ihn zu überleben. Ich würde sagen, meine Ehen zu überleben, die zwei, die ich geführt habe ...

Heller und Proksch ...

Ja, also das waren zwei Kaliber, da muss man schon zuschauen, dass man unbeschadet aus solchen Ehen wieder rauskommt. Aber letztendlich auch, was den Proksch betrifft: Kurz nach dem Tod unserer gemeinsamen Tochter ist ihm quasi das Herz gebrochen, er ist wirklich am Herzen gestorben. Ich hab beiden gegenüber ein sehr, sehr liebevolles Empfinden, jetzt! Sie waren doch für mein Leben unglaublich – gerade dieses Wort stimmt: wesentlich. Also sie waren ganz außergewöhnliche Menschen, die mir was gezeigt haben und mich auch zu etwas hingeführt haben, das ich ohne die beiden vielleicht nicht für mich entdeckt hätte. Also ich sehe das jetzt mit einer großen Zuneigung für die beiden.

Milde?

Milde und Zuneigung, und ich sag, war schon gut so!

Aber Sie sagen auch, es waren machtorientierte Menschen an anderer Stelle.

Das war ja so nützlich!

Warum?

*Ich bin zwei Menschen sehr nahegekommen, um festzu-
stellen, so nicht! Also, so will ich es nicht. Dieses Bemäch-
tigen und die Macht zu lieben, das hab ich aus großer Nähe
an anderen Menschen, an den beiden Menschen erfahren
und hab mich sehr bewusst damit auseinandergesetzt
und für mein weiteres Leben beschlossen, dass ich das
genauso nicht möchte.*

Nicht möchte. Also Sie haben sich nichts abgeguckt, sondern ...

*Nein, ich wusste, was ich nicht will: dem zuschauen! Und
ich mag das auch nach wie vor nicht. Natürlich sagt dann
jeder: Hallo, wenn du vor Menschen gehst, wenn du auf
eine Bühne gehst, musst du ja auch so etwas wie Macht
haben! Aber das ist für mich nicht Macht, sondern das ist
eine Bereitschaft, das ist was anderes für mich. Und auch
in der Ausübung meines Berufes blieb ich lieber bei diesem Begriff ›small is beautiful‹, also eben nicht die internationale Karriere, nicht große Popularität und das alles.
Sondern ich hab das gern, wenn es überschaubar ist und
wenn es wahrhaft ist und wenn es ehrlich ist.*

Mir scheint, es gibt immer ein Missverständnis, weil
sehr häufig wurden Sie gefragt: War Ihre Schönheit in
irgendeiner Form hinderlich oder ein ›god given gift‹,
ein göttliches Geschenk, unter dem Sie gelitten haben?
Und ich hatte immer den Eindruck, wenn Sie auf diese
Frage reagiert haben, dass Sie sich selber überhaupt nicht
so empfunden haben. Und dann haben Sie immer eine
Kollegin erwähnt, über die Sie eines Ihrer vielen zauber-
haften Bücher geschrieben haben, nämlich Marisa Mell ...

168   *Ja, sie war schön!*

Sie war die Schöne.

Ich habe manchmal schöne Frauen gespielt, aber mich selbst habe ich nicht beurteilt im Sinne von ich sei schön. Das war auch nicht so, dass ich mich jetzt für ein scheußliches Grammel gehalten hab, also so ganz hässlich fand ich mich auch nicht. Aber wie man mir oft unterstellt, ich hätte so in diesem Empfinden, ich bin schön, gelebt, das war nie der Fall, nie! Aber etwas anderes wurde dann natürlich wichtig, nicht die Schönheit, doch dieses gewisse öffentliche Bild. Ich hab nicht umsonst mein letztes Buch »Die öffentliche Frau« genannt und hab wirklich versucht – Fiktion und Autobiografie gemischt –, dieses öffentliche Leben zu beschreiben. Und da war's schon oft so, dass ich den Eindruck hatte, dass die Menschen sich eben eher zu der öffentlichen Frau hingezogen gefühlt haben als zu dem Menschen, der dahintersteht. Und darunter habe ich ab und zu gelitten. Also nicht unter meiner Schönheit, sondern unter der Pluhar, sagen wir's so.

Na ja, Sie leben ein Leben lang erfolgreich als Schauspielerin, Sängerin und Autorin in einem Land, dass da Österreich heißt, mit einer Metropole, die da Wien heißt, Sie sind eine durch und durch öffentliche Frau. Sie können keinen Anspruch erheben auf Anonymität.

Was ich sehr gerne, wenn ich aus meinem letzten Buch lese, dann auch sage, ist etwas, das mir beim Schreiben erst selber klar wurde: Ich war wirklich eine Femme fatale, wurde also von Männern geliebt. Aber ich wurde dann eine Emanze, von Männern gefürchtet. Und dass mir das so in einem Leben hintereinander gelungen ist, diese zwei weiblichen Aspekte also quasi zu beleben, das finde ich nachträglich richtig komisch. **169**

Es ist Brauch bei Meyer-Burckhardts Frauengeschichten, dass immer ein Rod-Stewart-Song kommt, und dieser ist auch ein melancholischer Rückblick auf ein Leben, geschrieben von Paul McCartney und John Lennon, aber gesungen von Rod Stewart: »In My Life.«

Rod Stewart, »In My Life«. Sie sagten gerade, Sie haben unter der Pluhar gelitten, was das äußere Bild angeht.

Nein, ich hab unter diesem Öffentlichsein partiell gelitten, das ist immer eine große Balance für mich gewesen, einerseits diese Öffentlichkeit zu leben, und auf der anderen Seite ständig das Bedürfnis zu haben, mich zurückziehen zu wollen. Ja, aber diese Balance kann man auch üben, würde ich sagen.

Ich fürchte die Frage, die darauf zielt, diese Balance, von der Sie gerade sprechen, einmal zu hinterfragen, aber ich will sie doch stellen. Und ich fürchte es deshalb, weil ich nicht der Erste bin, der diese Frage stellt. Sie ist also von geringer Originalität, aber von aufrichtigem journalistischem Interesse. Nämlich: »Trotzdem« heißt Ihr Lied. Sie haben erlebt, wie Ihre Tochter stirbt. Dem Vater der Tochter wurde etwas vorgeworfen, er hat auf jeden Fall Jahre im Gefängnis zugebracht und ist dort auch gestorben. Sie haben dann später nach Heller und Proksch noch einmal eine Liebe gefunden, Peter Vogel, der sich umgebracht hat. Haben Sie manchmal das Gefühl, das Leben war nicht gerecht zu mir, wenn es um das Persönliche, das Privatleben geht?

Ich hab das versucht, in einem meiner Lieder ein bisschen so zu formulieren, das Leben als Geschenk zu sehen, auch wenn einem nichts geschenkt wird. Und gerade wenn Sie mir das jetzt so aufzählen, sage ich mir schon auch selbst: Hallo Erika, das ist schon reichlich, das ist schon sehr, sehr viel!

Das ist sehr viel!

Aber ich glaube, ich bin ehrlich, wenn ich sage, dass ich nicht hadere. Ich bin oft sehr traurig, also ich lebe mit einem gewissen Aspekt von Trauer, was mich aber nicht daran hindert, auch fröhlich zu sein und das Leben zwischendurch sehr schön zu finden. Und ich tanz gern und ich hör gern Musik, alles das. Aber so ein steter Begleiter, würde ich sagen, ist dieses Gefühl von Trauer, es ist einfach ein Anteil in meiner Persönlichkeit, der immer in mir lebt. Trotz meines Alters, ich bin ja jetzt wirklich schon ein alter Mensch – also wenn man sechsundsiebzig ist, dann kann man sich nicht mehr und ich möcht mich auch nicht ›Seniorin‹ nennen, sondern ich bin einfach eine alte Frau. Ich möchte sehr gerne dieses Leben mit Lebendigkeit bestehen, also lebendig bleiben. Deswegen soll durchaus auch der Schmerz lebendig bleiben. Ich weiß nicht, ob ich Ihnen das jetzt beschreiben konnte.

Ja. Was ich empfinde, während wir das Gespräch führen, ist, dass Sie auf der einen Seite eine sehr, ja, fragile, zerbrechliche, empfindsame Seele sind, auf der anderen Seite sich aber Männer gesucht haben, die eine machtvolle Performance im übertragenen oder direkten Sinne besaßen. Also Heller war auch schon als junger Mann nicht irgendwer, er stammte nicht aus irgendeiner Familie, und Proksch war ein Aktionskünstler, er war Chef bei Demel, das war die Hofzuckerbäckerei, also das war auch ein millionenschwerer Mann, und auch Peter Vogel war wieder ein Schauspieler.

Peter Vogel war auch nicht so gerne Schauspieler, der wär viel lieber Musiker geworden.

Sein Vater war bereits ein berühmter Schauspieler.

Aber er kam auch aus einer gewissen berühmten Ecke!

Es waren Unternehmer, es waren Erben, es waren Darsteller. Ihre Seele hatte nie Sehnsucht nach einem stillen Mann, der vielleicht Architekt, Maler oder ...?

Meine stille empfindsame Seele hat halt doch das Außerge-wöhnliche gesucht und nicht so sehr das Gewöhnliche, also nicht das Behagliche. Das hab ich mir scheinbar nie aus-gesucht. Ich kann in dieser Hinsicht überhaupt nicht genau feststellen, warum das so war. Ob mich da die Gegensätze angezogen haben. Nur etwas ist mir dann schon im Laufe der vielen Jahre gelungen, dass ich mich auch als weib-licher Mensch wirklich von dieser, in meiner Generation fast naturgegebenen Abhängigkeit – Was hat sie für einen Mann? – wirklich völlig gelöst habe. Ich bin durch das alles hindurchmarschiert und kann, glaube ich, behaupten, dass ich jetzt ein unabhängiger weiblicher Mensch bin, der also nicht mehr in – wie nenn ich's denn? – eine Liebesabhän-gigkeit geraten würde und auch schon lange nicht mehr ge-raten ist. Ich glaube auch, dass diese Abhängigkeiten ganz wenig mit Liebe zu tun haben. Und dass wir Menschen das Lieben unerhört lernen sollten, denn es hat mit ganz was anderem zu tun, als man in verliebten Zeiten oder in ab-hängigen Zeiten glaubt. Da möcht man, dass der andere Mensch so ist, wie man ihn sich vorstellt. Wenn man sich dann von diesen eigenen Fiktionen lösen kann und sieht diesen Menschen mit Distanz, dann erst kann man sagen,
172   *dass man vielleicht in der Lage ist, auch wirklich zu lieben.*

Haben Sie lange gebraucht, um lieben zu können? Haben Sie es auch verwechselt in jungen Jahren: erotische Anziehungskraft, Liebe?

Natürlich! Natürlich! Das war ein ganz, ganz langer, ich möchte sagen: Lernprozess. Ich weiß noch genau, wie ich plötzlich wusste, einen Menschen zu lieben, der ganz und gar nicht meinen Vorstellungen entsprochen hat, der ganz und gar nichts Glanzvolles in mein Leben gebracht hat, wo ich einfach wusste: Ja, das ist Liebe! Wenn man diesen anderen Menschen, so wie er ist, einfach in sein Herz hineinnehmen kann.

Ja.

Und eines ist wirklich schön: All diese Begegnungen meines Lebens, ich hab sie nie verdammt. Ich kann das nicht verstehen, wenn Menschen, die irgendwie mal zusammen waren, sich dann einfach auf den Mist werfen und gar nicht mehr sehen wollen und so, das ist mir unvorstellbar.

Sie sagen, die Bühne ist eine Lebensparade, man muss zwar eine Wirkung haben, aber man darf nicht an die Wirkung denken. Wenn die Bühne eben genau diese von Ihnen so gut beschriebene Lebensparade ist, mit welchen Empfindungen gehen Sie in die Jahre, die da kommen?

Wissen Sie, ich hab mir das Phänomen Zukunft sehr genau überlegt, und ich glaube, Zukunft ist etwas, das zum Jungsein gehört. Also: Solange man weiß, na ja, also gut, jetzt ist das noch nicht so ... aber dann, oder: Jetzt geh ich weiter um die nächste Ecke und wer weiß ...? Das bedeutet für mich wirklich dieses Jungsein. Ich weiß ganz genau, dass da nicht mehr viel Zukunft ist. Gut, wenn ich **173** *so alt werde wie meine Eltern, die beide sehr alt wurden, dann hab ich schon noch eine ordentliche Spanne Jahre vor mir. Aber dieses planvolle Sichüberlegen, was mach ich denn dann noch usw. – nein, ich will meine Neugier sicher nicht verlieren, aber ich konzentriere sie eher aufs Gegenwärtige. Also, jetzt sitze ich hier mit Ihnen und wir reden miteinander, und das stell ich fest, nicht? Und ich werde schreiben, ich werde, solang das geht, musizieren und singen, und ich werde weiterhin aus meinen Büchern lesen. Ich stehe sehr, sehr gern vor Menschen, also jetzt nicht als Schauspielerin, sondern in der Form, wie ich es jetzt tue. Solange ich dafür wirklich in mir all die Energie fühle, wie ich sie jetzt noch habe, werde ich das tun. Aber wenn ich mal merke, dass da was verlischt, dann bleib ich zu Hause. Ich werde kein geriatrisches Wunder, das sich noch irgendwie vor die Menschen begibt. Das ganz sicher nicht. Also da bin ich ziemlich sicher, dass ich diesen Fehler nicht begehen werde.*

Ich hatte oft, als ich Ihre Bücher las, das Gefühl: Oh Gott, hoffentlich ist das nicht das letzte! Das hatte ich ganz stark bei »Am Ende des Gartens«, das hatte ich in gewisser Weise bei »Verzeihen Sie, ist das hier schon die Endstation?« Da gab es diese wunderbare Zusammenarbeit mit Ihrem Freund, Werner Schneyder, der das dramatisiert hat. Und bei »Die öffentliche Frau« habe ich auch am Ende gedacht, na, ist es das letzte? Es gibt aber keinen Hinweis darauf, dass es das letzte Buch ist.

Als das Buch dann herausgegeben wurde – was ja immer so ein fast bissel schmerzlicher Vorgang ist, wenn man so lange mit einem Buch lebt und so –, dacht ich auch: Na hallo! Aber ich muss Ihnen gestehen, ich hab dieses Buch begonnen, als sich herausgestellt hat, dass sich sicher jetzt langsam jemand für meine Biografie interessieren wird. Und gerade kommt wieder Freund Heller, der sagt, ja ja, du bist ein Mensch öffentliches Interesses, jeder kann ein Buch schreiben, du kannst es autorisieren oder nicht, aber ... Da wurde mir angst und bange, und glücklicherweise kam bald die Idee: Also, dann schreib ich schnell ein Buch, das irgendwie autobiografisch ist, damit mir das keiner wegschnappt! Und hab dann rein fiktiv und distanziert dieses Gespräch einer Frau mit einem Redakteur begonnen und hab mich während des Schreibens diesem Redakteur sehr angenähert. Und dadurch wurde ich in diesem Buch erstaunlich offen und bin sehr in ganz persönliche Erinnerungen gegangen. So ist das sicher jetzt so was wie eine sehr offene Autobiografie, obwohl sehr viel Fiktion drinnen vorkommt. Hab ich aber auch schon gemerkt beim Schreiben, dass ich Geschichten meines Lebens so erzählen kann, als wär's auch für mich schon Geschichte. Das hat auch mit dem Alter zu tun. Da ist keine Preisgabe mehr dabei oder so. Aber ich merke jetzt gerade, dass ich doch wieder schreibe. Aber ohne an eine Herausgabe zu denken.

Darf ich fragen, worum Ihre Gedanken kreisen?

Meine Gedanken haben schon sehr viel mit dem Altsein zu tun oder auch mit dem Gegensatz von Alt und Jung. Aber woran ich da jetzt schreibe, das liegt noch so sehr bei mir. Und so wie auf der Bühne, wo man keine Absicht haben soll, möcht ich auch, solange ich schreibe, sehr lange absichtslos bleiben. Dann, wenn man korrigieren muss und lektorieren, dann kann die Absicht dazukommen.

André Heller zitiert für Sie Pablo Neruda, dessen Autobiografie heißt: »Ich bekenne, ich habe gelebt.« Das war **175** der Schlusspunkt seiner Rede, aus der ich immer mal wieder zitiert habe, anlässlich des Billy-Wilder-Preises, den Sie in Wien erhalten haben. Ich bedanke mich sehr, dass Sie den weiten Weg nach Hamburg gefunden haben.

Den find ich gern, und der ist gar nicht so weit.

HUBERTUS MEYER-BURCKHARDT
MARIANNE SÄGEBRECHT

Zu Marianne Sägebrecht schreibe ich wenig, weil ich sie liebe.

Ich habe vor Jahren mit ihr ein ZDF-Movie produziert, und seitdem ist sie für mich ein Fixstern. Sie ist die Lebensfreude in Person, auch wenn sie traurig ist. Sie ist voller Optimismus, aber selten ohne Melancholie. Sie liebt das Jetzt, weil ihr die Vergänglichkeit stets bewusst ist. Sie ist eine Mischung aus Buddhismus und Bayern, aus Meditation und München.

Sie weiß es: Sollte ich vor ihr gehen müssen, möchte ich sie in meinen letzten Stunden am Sterbebett haben. Ich komme dann zwar nicht zu Wort, aber was sollte ich ihr auch noch sagen außer: Du bist eine der großen Begegnungen meines Lebens.

Und dann gleite ich langsam hinüber in dieses unbekannte Reich, begleitet von einem liebevollen wortreichen bayerischen Monolog. Das ist paradiesisch.

»ICH BIN DER KNOBLAUCH IM FILM.«

Ich bin froh und glücklich, ein bisschen stolz und vor allen Dingen dankbar, hier auf dem Schloss in Plön Marianne Sägebrecht begrüßen zu dürfen. Herzlich willkommen! Es war dein besonderer Wunsch, das Interview hier in Plön zu führen, Marianne, was verbindest du mit Plön?

Also grundsätzlich mal: Schleswig-Holstein, das hat mir so ins Herz geleuchtet, und wir haben zwei Kilometer weiter an verschiedenen Plätzen gedreht. Am Wochenende war ich immer auf einem Bauernhof, weil ich so gern mittendrin in der Natur leben wollte. Ich habe alles abgewandert und mich so in die Landschaft, die Ostsee und die vielen Seen verliebt, dass ich hier raufziehen wollte. Meine Familie war gar nicht begeistert, sie hielten mich für verrückt und meinten, dann könnte ich ja gleich nach Amerika ziehen. Mein Herz ist da geblieben ...

Meine Frau hat mich mal gefragt – es war ein schönes Gespräch am Abend –, wen möchte man eigentlich dabeihaben, wenn die letzte Stunde schlägt? Und ich habe gesagt, abgesehen von meiner Frau kann ich mir Marianne Sägebrecht gut in den letzten Stunden meines Lebens vorstellen. Und dann habe ich überlegt, warum, und bin in deine Biografie eingetaucht. Du hast ja ein großes Interesse an Philosophie, an Religion, an Metaphysik. Das mag daran liegen, dass du aus einer Familie stammst, wo dies Tradition hatte. Die Großmutter kam aus dem Chiemgau und war Schauspielerin ...

178 *Volksschauspielerin.*

Oder viel interessanter noch der Großvater, von dem sagst du, dass er Schamane war. Wie darf ich mir den Opa vorstellen?

Eine ganz wichtige Bezugsperson für mich, weil ja mein Vater, übrigens auch Gärtner, im Krieg gefallen ist. Das war sehr schwer für meine Mutter, natürlich auch für mich: Es war kein Vater da. Ich bin die ersten Jahre mit meiner Mutter als Schutzzone aufgewachsen. Mein Großvater leitete nach 1945 eine Gärtnerei, dort lebte ich bis zum 3. Lebensjahr in der Großfamilie mit Mutter, und er war mein Ein und Alles. Er hat mir jeden Nachmittag die Pflanzen erklärt, er hat mir eigentlich alles erklärt, ja, das war natürlich das Schönste.

Er hat eigene Medizin entwickelt?

Ja. Seine Mutter, also meine Urgroßmutter, kam aus Tschechien, und in ihrer Sterbeurkunde steht »Kräuterfrau und Heilerin«. Sie hatte viel, viel zu sagen, hat ihre Söhne unterrichtet. Mein Großvater, Franz Xaver, hat am besten aufgepasst, hat das meiste mitgenommen. Meine Urgroßmutter konnte sogar epileptische Anfälle abfangen, mit aufgekochter Rinde vom Holunder, einer ganz dunklen Brühe. So hat er es mir erklärt, und sie machte das durch Berührung bestimmter Meridiane, das sind Ausgänge von Nervenenden. Ja, sie ist mir ganz, ganz nahe. Je älter man wird, desto näher kommt man ja seinen Urahnen.

Du hast gerade erwähnt, dass dein Vater im Krieg gefallen ist, du hast ihn nie kennengelernt, aber du hattest Ersatzväter. Der Dorfpfarrer war so ein Ersatzvater, und der nannte dich »alte Seele«. Was mag er damit gemeint haben?

179

Als katholischer Pfarrer ...

War er offen für andere?

Ich habe ihm von Surinam erzählt, von dem mir mein Groß-
vater berichtet hatte, dass ich nachts immer von Surinam
träumte, vom Regenwald usw., und die Menschen sehe und
die vielen verschiedenen Farben und Formen. Und er nahm
mich sofort ernst und hat den Globus geholt und mir das
gezeigt. Da war ich schon ganz beruhigt, dass es so weit
weg ist und ich da nie hinkomme. Der Pfarrer sagte dann:
»Weißt du Marianne, du bist eine alte Seele, und nach dem
Krieg sind viele solche Seelen gekommen, um die Menschen
zu trösten und wiederaufzubauen.« Das war für mich na-
türlich ganz außergewöhnlich. Ich konnte mit Fragen immer
zu ihm kommen, er war immer für mich da. Er setzte mich
mit zwölf Jahren schon in der Kirche ein, jeden Sonntag.

Als was?

Zwei Jahre lang habe ich die Briefe der Apostel gelesen.
Das war natürlich nicht einfach für die Jungs, dass ein
Mädchen das machte, was normalerweise die Ministranten
taten. Und es war auch nicht einfach für mich, weil auch die
Mädchen eiferten. Aber was ganz toll war, ich bin rausge-
treten aus der Bank und habe klar und laut gelesen, den
Korinther-Brief, aus tiefster Seele. Die Leute sagen noch
heute zu mir, wenn sie mich sehen: »Weißt du, Marianne,
wir haben solche Angst gehabt, jeden Sonntag in die Kir-
che zu gehen, du standest da mit deinen blauen Augen
und hast uns angesehen und durchschaut.« Dann habe ich
gesagt: »Alle Kinder durchschauen ja die Erwachsenen.«
– Ja, es war eine außergewöhnliche Zeit, das kann man
wohl so sagen.

Kommen wir auf das Dorf von damals zu sprechen, wo du heute wieder wohnst, bei Starnberg.

Genau, mehr an der Isar-Seite. Ich bin eine Isar-Nixe.

Du bist eine Isar-Nixe. Und da hast du beim Heckenschneiden, glaube ich, einen Nachbarn getroffen, der mit dir über den Sinn des Lebens gesprochen hat …

Erst mal möchte ich sagen: Ich bin eine exzellente Heckenschneiderin, ich mache das mit der linken Hand, weil ich eigentlich Linkshänderin bin. Man hat mich in der Schule gezwungen, rechts zu schreiben. Und so trainierte ich das natürlich, mich als Linkshänderin zu bewegen. Ich trainiere meine andere Seite. Das ist immer so. Der Linkshänder hat ja auf der rechten Seite sein Zentrum, wo er sich bewegt, wo er analytisch ist, und auf der anderen Seite sein Künstlerisches. Und da ich das geswitcht habe …

Wie lang ist die Hecke?

Auf der einen Front fünfzig Meter. Wenn die Nachbarn daran vorbeilaufen und mich schneiden sehen, sagen sie: »Propper, propper machen Sie das.« Ja, sie sind baff. Ich mach das barfuß. Also, ich habe auch einen kleinen elektrischen Mäher, der ist vierzig auf vierzig, das ist mein Hausfreund, und mit dem mähe ich – das müsstest du sehen! Die Nachbarn lachen sich kaputt, weil ich barfuß bin und mit dem Mäher fast tanze. Und am Schluss kann man sehen, dass ich etwas gestaltet habe. Ich liebe es zu mähen. Das ist wie eine Meditation. Auch buddhistische Mönche kehren den Wald durch, und ich mähe und schneide, gerne auch für Nachbarn.

Also stellen wir uns besagten Nachbarn vor, der »Grüß Gott, Frau Sägebrecht« sagt ...

Ja, er hilft mir, und dann sagt er: »Es ist wieder jemand gestorben am Ort.« Und dass das traurig ist. Und dann sage ich:» Ja, wissen's, was ich glaube? Der Tag, wo man kommt und der Tag, wo man geht, ist schon fest geschrieben, sogar die Stunde.« Darauf sagt er zu mir: »Des ist scheen, dass Sie des sagen, des sag ich schon lang. Wissen's, was ich sag? Im ersten Windelschiss ist die ganze Lebensgeschichte schon drin.« Und dann bekam er von mir ein Honorar, weil ich sein Zitat in mein Buch reingetan habe. Er war total glücklich.

Ich habe ja am Anfang erwähnt, dass ich dich bei meiner letzten Lebensstunde dabeihaben möchte. Ob du der Einladung dann folgst, das muss man mal sehen, es dauert ja auch noch Jahrzehnte.

Ich bin eine gute Hebamme.

Das hilft.

Ja, aber auch für diese Zeit. Weil ich sage, das muss einfach sein. Die Hebamme am Anfang ist wichtig, und die bekommen wir ja auch vom Staat, ja, da sind wir noch potenzielle Kunden der Industrie. Aber später kriegen wir die nicht mehr so selbstverständlich. Und deshalb bin ich ganz, ganz stark involviert in der Hospiz-Bewegung und der palliativen Medizin.

Bin ich übrigens auch.

182   *Das freut mich.*

Ich frage mich, ob es sein könnte, dass deine positive Ausstrahlung, deine Lebensbejahung etwas damit zu tun hat, dass du dich eben in das Leben fügst, dass du sagst, das, was passiert, ist gut, weil im ersten Windelschiss eben doch alles schon drin ist? Wir haben ja auch mal einen Film zusammen gemacht. Ich hatte immer das Gefühl, was auch immer passiert, du hast eine lebensbejahende, positive Haltung.

Also, ich bin eine Ganzheits-Philosophin. Ich finde nichts schlimmer als sich aufzuspalten, da ist jetzt der Mensch, und da ist der andere, und der muss so sein, und der muss nur so reden … Ich bin der Meinung, dass jeder Mensch zu seiner Zeit auf seinem Plateau ist mit seinem ganzen Erfahrungsschatz. Man sucht immer so lange, bis man im Ganzen gespiegelt wird, und auf einmal kommt ein Ruheraum, ein Ruhemensch und sagt, du bist ja schön, genau so, wie du bist, mit allen Schichten. Und das bezieht er auf das Ganze, darauf, wie dich der Schöpfer weggeschickt hat, so liebe ich dich, und so bist du schön. Vielleicht bin ich deshalb sehr großzügig, es gibt für mich nicht den bösen und den guten Menschen. Es gibt das Böse natürlich, ja, aber bei mir ist jeder Mensch in meinem Herzen erst mal gleich. Auch der ganz reiche Manager wird ja von fanatischen Menschen auch wieder attackiert, darf auch nicht er selbst sein, oder der andere, der halt auf der Straße liegt … all das ist für mich kein Unterschied. Ich finde auch die Welt polar, und wenn man bloß sagt, ich nehme nur das Glück, ist das nicht richtig, weil das Leben ja auch die bitteren Zeiten hat. Deshalb sage ich immer, nimm Bitterstoffe zu dir, das ist gut für den ganzen Organismus und für die Seele. Nicht immer nur glücklich sein und von einem Glück zum anderen hetzen, das geht nicht. Meine Mutter sagte früher: »Weißt du, Marianne, du steigst hoch auf'n **183**

*Berg rauf, und drum musst drunten auch wieder tief run-
tersteigen.« Das hatte sie schon als Kind begriffen. Also
nicht mit Helikopter von Spitze zu Spitze, da spürt man
nichts mehr ...*

Ich frage mich, wie kannst du eine solche Lebensbejahung entwickelt haben, wenn man sich in Erinnerung
ruft, dass du eine, abgesehen von den ersten Jahren,
doch schwierige Kindheit hattest. Deine Mutter hat
sich wieder verheiratet, der neue Mann war dir zunächst
wohlgesonnen, dann aber nicht mehr. Wir wollen es nicht
vertiefen, aber du hast Züchtigung erfahren ...

Man kann auch verstehen, warum.

Warum?

*Ist ja eigentlich klar, weil ich nach der Großfamilie mit mei-
nem Opa vom 3. bis 6. Jahr dann mit meiner Mutter und
meiner kleinen Schwester allein war. Meinen Vater habe
ich mir aufgebaut durch Interviews mit seiner Schwester,
mit seiner Mutter, und ich habe ihn mir natürlich schön aufgebaut, an meiner Seite. Und so war ich seine Vertretung.
Ich war Mutters beste Freundin, ich war Mutters Mann in
meinen Gedanken, ich war ihr Kind und ich war der Mann
an ihrer Seite. Und dann kommt auf einmal ein männliches
Wesen herein, ein schrecklicher Schock für mich. Ich habe
es ihm bestimmt sehr schwer gemacht, ist ja auch irgendwie normal. Er versuchte es erst auf die freundschaftliche
Art und dann auf die väterliche – aber mit viel Gerede ging
damals nichts bei mir. Ich war ja schon so verwachsen ...*

Du warst stark.

Ja, ich war einfach der Familienvorstand, so dachte ich, und dann habe ich es ihm halt sehr schwer gemacht. Es ging ja die ersten Jahre noch gut. Es wurde erst richtig kritisch, als ich ihm sagte, er solle nicht mit zu meiner Firmung gehen, weil mein Vater dort an meiner Seite wäre. Ich sagte ihm: »Du bist nicht mein Fleisch und Blut.« *Und das habe ich ihm immer wieder gesagt, irgendwann war das dann eine Notsituation für ihn da gab's die erste Backpfeiffe, wie man damals sagte ...*

Eine schwierige Situation für dich, sich in so jungen Jahren schon als Hausvorstand zu sehen ... Nicht von ungefähr hast du dir ein Musikstück von Astrid Lindgren gewünscht: »Hey, Pippi Langstrumpf.« Das Lied hat dir Kraft gegeben?

Ja, ich hatte meine Baumhäuser, mein ›Zentrum‹, *eine kleine Villa, eine Theater-Arena alles hinterm Haus. Ich hatte zwei Bäume, zwei wunderbare, und für meine Gäste hatte ich ein zweites Baumhaus gebaut. Ich war bekannt als Liane, ich war nur oben in den Lüften, ich lief auf den Dächern wie eine Seiltänzerin ...*

Die Charaktereigenschaft, die dich aus meiner Perspektive auszeichnet, das Attribut ist ›Mut‹, und dieser Mut hat sich in der frühen Kindheit schon angedeutet. Deine Mutter war ja leidgeprüft, du bist auf dem Dachfirst balanciert, du hast dich an den Regenrinnen langgehangelt ... Hattest du nie Angst um dein Leben?

Nein, nicht wirklich. Es gibt eine schöne Metapher, was meine Mutter betrifft: Ich war zwölf Jahre alt, und meine Nachbarin, bei der ich viel war, war sehr großzügig mit meinen Ideen. Bei ihr durfte ich zum Fenster rausklettern und rauf aufs Dach steigen. Das war das Schönste für mich: am Dachfirst laufen und balancieren. Die Leute sollten denken, ich sei Seiltänzerin in einem Zirkus. Und als ich da gerade so schön balancierte, sah das die Nachbarin und rannte rüber zu meiner Mutter:»Schnell, Agnes, schnell, die Marianne fällt vom Dach runter.« Ja, so war das. Anstatt zu sagen, schau mal, wie schön die Marianne da läuft, nein, sie hatte mich schon runterfallen sehen. Und meine Mama kam mit der Salatschüssel unterm Arm aus dem Haus, schaute hoch und sagte nur:»Och, das passt schon, die Marianne, die kann das, glaub's mir. Sie hat ihre Schutzengel.« Das war so ein tolles Gefühl. Mit diesem Vertrauen der Mutter kann man ohne Netz und doppelten Boden leben. Das ist ein großes Glück, was mir der Schöpfer da mitgegeben hat, der diese Mutter für mich ausgesucht hat.

So ging es mir auch. Du hast aber erzählt, du hast als Kind stark geträumt, du hattest eine irre Vorstellungskraft, und Surinam war immer ein Ziel deiner Sehnsucht. Surinam ist in Südamerika, grenzt im Norden an den Atlantischen Ozean, im Osten an Französisch-Guayana, im Süden an Brasilien und im Westen an Guyana. Das Land ist zweimal so groß wie Österreich. Warum war es für dich gerade Surinam? Spielte da bereits die Entdeckung von Sibylla Merian eine Rolle oder noch nicht?

Das kam später. Schuld war mein Opa, er war früher sehr interessiert am Regenwald und hat mir immer wieder davon erzählt. Da war ich vier oder fünf Jahre alt:»Pass mal auf, Marianne, der Regenwald ist total wichtig, und wenn alles abgeholzt wird, dann werden wir vertrocknen ...« Das war für mich ein Schreckensszenario, um Gottes willen! Und dann hat er mir halt auch von den Tieren erzählt, von einem Mangrovenbaum, das sind ja diese Bäume mit den riesigen Wurzeln, worunter im Fluss die Krokodile ihre Häuser beziehen. Das waren so viele exotische Bilder, und das Wort Surinam hat er mir damit wohl ins Herz und in die Seele gepflanzt. – Aber in die Seele meiner Mutter auch. Das ist ja das Verrückte. Meine Mutter wollte immer Rot-Kreuz-Schwester in Afrika oder in Surinam werden. Und wenn ich ihr dann in meiner kindlichen Fantasie sagte: »Du, Mama, ich komme gerade aus Surinam«, war das für sie überhaupt kein Problem. Ich habe ihr auch erzählt, dass ich jede Nacht träume und dass ich Gesichter in verschiedenen Farben gesehen habe. Sie blieb ganz ruhig dabei und sagte, natürlich kommst du aus Surinam, aber jetzt bist du weit zu mir her geflogen.

Wir kommen nachher noch einmal in Verbindung mit Percy Adlon, dem Regisseur vieler deiner Filme, auf Surinam zurück. Ich möchte jetzt noch mal in deine Jugend gehen. Du hast zunächst Medizinisch-technische Assistentin gelernt, hast sehr jung, mit neunzehn, geheiratet und eine Tochter bekommen, und hast dann mit deinem Mann und deiner Schwester das ›Spinnradel‹ in Starnberg gegründet. Du hast eine große Beziehung zur Gastronomie, zur Gemeinschaft von Menschen, zu einer Mischung aus Wein und Kultur.

Ich bin gerne Gastgeberin, bringe gern Menschen zusammen. Menschen überraschen mit Gewürzen, philosophischen Gedankengängen, multikulturellen Musiken und Themen, die man noch nicht kennt.

Was war das ›Spinnradel‹?

Irgendwie zieht sich da etwas schon durch meine Kindheit, ich mochte nie Dinge alleine machen. Ich wusste immer, dass ich einen Ball nicht allein an die Wand schmeißen, sondern jemandem zuwerfen will, der ihn mir zurückschmeißt. Von daher hat sich das Kommunizieren miteinander ganz selbstverständlich aufgebaut.

Ein Philanthrop. Hast die Menschen gern?

Ich mag die Menschen gern, ich mag gern versöhnen, ich bin die Weltmeisterin im Versöhnen ... Beispielsweise zwischen meiner Tochter und mir. Ich sage immer: »Ich bin deine Mama, ich bin aber auch eine mütterliche Freundin.« Ich versuche, den Himmel höher zu hängen, wie ich es immer benenne – um jedem Menschen Respekt und Freiräume zuzugestehen.

Lagen denn bei der Gründung des ›Spinnradels‹ in Starnberg diese Gedanken, die du gerade geäußert hast, dem zugrunde?

Es war die Freude, mit verschiedenen Menschen zusammen zu sein, sie zu überraschen. Wir haben da Konzerte gegeben, uns Filme angeschaut, wir haben zusammen gekocht, Lesungen organisiert ... Es waren immer Feste, und ich suchte mir immer Themen heraus, die mich stark aufgewühlt oder interessiert hatten. Zum Glück auch meine Gäste und Freunde.

Zum Beispiel?

Es ging zum Beispiel um Krieg – wir waren die Kinder der Stunde Null, ich bin ja '45 geboren –, dieser schreckliche Krieg, mein Vater war ja auch gefallen und nicht mehr zurückgekommen ... Wir setzten uns damals zusammen, sprachen und diskutierten über das unselige Szenario des

3. Reichs. Es ging um Toleranz, es ging um so vieles, ja, und es ging auch um Interesse an bestimmter Literatur. Mir ging es um die Freude des Zusammenseins, zusammen zu lachen und zu tanzen und sich zu umarmen. Ich habe immer gesagt: »*Das ist die Tür und das Brett, über das man rübermuss. Der, der meinem Gastraum betreten hat, wird von mir beschützt.*«

»Mutter der Subkultur«, so hat man dich mal genannt in der Berliner Zeitung. Das war in der Zeit, bevor du als Schauspielerin berühmt wurdest.

Ja, die »*Oper Curiosa*«.

1977 gegründet. Nachdem du vorher schon in Schwabing das »Muttibräu« hattest. Das »Muttibräu‹ war ein großes Traditions-Etablissement.

Ja, das war eine unglaubliche Zeit, der Platz hat eine große Geschichte. Die berühmte »*Muttibräu*«*: Sie war Künstlermama und Wirtin, Künstler gaben ihr ihre Bilder und konnten dann bei ihr frei essen. Sie hat sich total eingebracht, man hat sie geliebt und verehrt. Und es war natürlich schön für mich, in solche Fußstapfen zu treten. Es war die Zeit des André Heller, Circus Roncalli, Martin Sperr, der wunderbare Dichter, und unzählige Schauspieler, die zu mir kamen ... Das war auch der Platz der Schwabinger Wahnmoching-Künstler Ende der 20iger Jahre um den Dichter Stefan George.*

Du strahlst dabei, dass man förmlich merkt, was es dir für eine Freude machte, diese Menschen zusammenzubringen.

Ja, wir haben zusammen gekocht, sie kamen von ihren Vorstellungen, es wurde entertained, jemand setzte sich ans Klavier. Es war die Spontaneität, es entstanden schöne Sachen aus dem Moment heraus, und das war einfach eine große Freude für uns alle. Man konnte die Menschen ein bisschen rausholen aus der Trauer, aus der Melancholie. Es gibt einen schönen Satz in »Pettersson«: »Du sorgst dich am besten um dich selbst, wenn du dich um jemand anderen sorgst.«

Und ein anderes Wort von »Pettersson und Findus« ist auch schön: »Wer einen Menschen füttert, füttert die ganze Welt.«

Ja, für jemanden kochen, das ist doch das Schönste, was es gibt. Und wenn man das dann noch zusammen macht, wie bei meinen Überlebenssuppen …

Ja, ich weiß, du bist eine große Meisterin z. B. der Hühnersuppe und hast selber gesagt: »Ich bin der Knoblauch im Film.« Marianne Sägebrecht ist berühmt für die Rollen, die sie gespielt hat, aber auch berühmt für die Rollen, die sie abgelehnt hat. Es war nicht so häufig und doch wird es in Interviews immer mal wieder angesprochen. Du hast mal abgelehnt, bei Harry Potter mitzuspielen, du hast mal eben abgelehnt, bei Woody Allen mitzuspielen, du hast zunächst abgelehnt, nach dem weltweiten Erfolg von »Out of Rosenheim« auch »Bagdad Cafe« im Ausland, für eine geplante Fernsehserie mitzuwirken, weil man deine geliebte Partnerin C.C.H. Pounder absetzen und die Rolle mit Whoopie Goldberg besetzen wollte. Das war nach dem großen Erfolg unseres Films No-go für die Sägebrecht.

Aber hallo! »Harry Potter« möchte ich erklären. Meine grundsätzliche Einstellung ist die, dass ich eine Figur zum Leben erwecken dürfen muss, denn ich gebe wirklich meine Seele und mein Herz dazu, und auch meine Vergangenheit und meine Zukunft. Was über meine Lippen geht, ist nicht nur eine Fiktion oder ein Film, für den ich bezahlt werde. Bei »Harry Potter« ging es darum, dass der Regisseur darauf bestand, dass ich unterschreibe, ohne zu wissen, welche Person ich spielen würde. Ich unterschreibe niemals, wenn ich nicht weiß, was ich spiele. Und das ist mein gutes Recht. Mein Anwalt schrieb damals: »I am so sorry, you must know this lady has a very strong will.«

Marianne, ist es eigentlich ein alberner Zufall, dass die Rose in deinen Filmen eine große Rolle spielt? »War of Roses«, »Rosenkrieg«, »Out of Rosenheim«, »Rosalie goes Shopping«. Hast du zur Rose eine besondere Beziehung?

Ja. Es ist wirklich geheimnisvoll, weil mein Vater, der Gärtner, der im Krieg gefallen ist, Rosengärtner war. Er liebte es, Rosen zu veredeln, überhaupt Pflanzen zu veredeln. Das und dass mein Großvater der wilde Schamane war, ist schon sehr geheimnisvoll. Aber ich habe in meinem Garten natürlich auch Rosen, nicht nur veredelte, da ist die Essigrose z. B., die ich total toll finde, und dann gibt es daraus wunderbare Marmeladen, Hagebuttenmarmeladen und und und. Ja, die Rose ist schon etwas Besonderes in meinem Leben und sie lässt sich durch ihre Stacheln nicht ständig umfassen, so wie ich.

Percy Adlon, durch ihn bist du berühmt geworden, aber umgekehrt kann man es auch sagen. Ihr habt euch gegenseitig sehr gutgetan, ihr seid ein kongeniales Paar,

Regisseur und Schauspielerin. Wie habt ihr euch kennengelernt?

Wenn wir uns heute immer zusammen mit seiner wunderbaren Frau Mele sehen, ist immer noch ein Zittern da. Das ist was ganz Geheimnisvolles. Wir haben irgendwann ein Theaterstück von Martin Sperr gespielt. Ich hatte mehrere Rollen: u. a. eine Bäuerin, lebendig und frech, und Bella, die Prostituierte. Percy Adlon saß damals im Publikum und sagte anschließend: »Marianne, hättest du Bella nicht so sinnlich, aber menschenwürdig angelegt und übermittelt mit deinem ganzen Herzen, wie du es gemacht hast, wären wir uns nie begegnet.« Das ist doch unglaublich im Leben, er saß im Publikum mit seiner Frau, und wir hatten unsere erste Begegnung von Herz zu Herz. Und daraus ist natürlich etwas Unglaubliches gewachsen.

Ich wüsste keine zweite Schauspielerin aus Deutschland, die zusammen mit Gérard Depardieu, Michel Piccoli, Richard Dreyfuss, John Malkovich, Michael Douglas, Danny DeVito gedreht hat. Gab es einen unter diesen sehr berühmten Männern, der auch über die Arbeit hinaus eine besondere Begegnung war, an die du zurückdenkst? Oder war es doch sehr anonym am Set?

Nein, man ist ja länger zusammen. Es sind mindestens drei Monate. Bemerkenswert ist meine Begegnung mit Michel Piccoli. Er ist einfach bewundernswert als Mensch – und das ist ja häufig bei den wirklich großen Kollegen so – eine bemerkenswert bescheidene Persönlichkeit. Später begegnete ich dann Michael Douglas, auch jemand ganz Außergewöhnliches mit einer großen Liebe zu Menschen und einer ethischen Grundhaltung ausgestattet.

Dem du einen Korb gegeben hast.

Ja genau, in Berlin. Ich wusste, es ging nicht anders.

Er hat dich ein bisschen zu knapp wissen lassen, dass er dich gern sehen würde, und du sagtest, dass es dir nicht in den Zeitplan passt.

Ja, so lebe ich. Ich hatte an diesem Abend eine Lesung zu absolvieren. Wenn die Dinge nicht im Zeitfenster einen Rhythmus haben, also eingebettet sind, dann stimmt irgendwas nicht, und dann muss man aufpassen, dass man nicht stolpert oder dass man etwas macht, was gar nicht dahingehört. Ich habe die Geduld, dass ich eine Begegnung abwarten und bis dahin ruhig bleiben kann. Die nächste Begegnung wird im Januar '18 stattfinden – Freude pur!

Kommen wir zurück zu dem Ort, an dem du lebst, an den – oder den Nachbarort – du zurückgekehrt bist. Du hast erzählt, dass viele dich »Promitussi« nannten. Wie hast du dieses Vorurteil entkräftet?

Dazu muss man sagen, dass ich studierte Psychologin bin, und zwar eine gute, und dass ich natürlich weiß, wie das Landleben abläuft. Ich habe davor Respekt. Wenn jetzt am Sonntag Heu eingeholt wird und wenn der Hahn eben um sechs Uhr kräht, dann muss er nicht zum Gericht und wird in Dunkelhaft gesperrt. Also, ich kann das alles sehr gut nachvollziehen. Und ich habe Glück, dass ich alleine und brav bin hinter meiner Hecke. Der Postbote darf nicht rein, es dürfen überhaupt nur wenige Männer rein. Mein Schwiegersohn, mein schwuler Seelenfreund Thomas, ja auch du und deine Frau Dorothea sind mir herzlich willkommen. Meine Nachbarin weiß immer, wer zu mir kommt. **193**

Es ist schon so: Wenn ich dort Partys mit Riesenwirbel feiern würde, könnte ich da nicht leben. Aber so geht es wunderbar, und ich habe sogar die Bäuerin, die Kräuterpädagogik studiert, so weit gebracht, dass sie einen Artikel für mein Buch geschrieben hat. Nach 16 Jahren werde ich von den Mitbewohnern eher beschützt.

Am Ende unseres Gespräches möchte ich sagen: Du liebst Menschen und verstehst sie. Es sind die Räume, die du betrittst, danach voller Menschlichkeit. Und das ist nicht mein Satz, sondern das hat ein Regisseur mal über dich gesagt, dass du Wärme und Menschlichkeit hinterlässt. Das trifft auch für dieses Gespräch zu. Und so kommen wir zu dem Abschiedslied, dass du dir gewünscht hast, es ist – gesungen von Peter Schreier – aus Mozarts Zauberflöte: »Dies Bildnis ist bezaubernd schön.« Warum hast du dir das gewünscht?

Dieses Lied ist ein Schlüssellied für mich, weil es so klar sagt, dass es alle Menschen nur ein Mal gibt und jeder auf seine eigene Art schön ist ... Das ist meine größte Freude. Und deshalb widme ich dieses Lied euch allen ...

Sie ist ein Glückskind und sich dessen bewusst. Mit ihr zu arbeiten ist ein Privileg. Sie ist ein feiner Mensch, ferner ein Star, der von seinem eigenen Erfolg völlig unbeeindruckt ist.

Als ich sie fragte, ob sie bei meinem neuen Radio-Format »Meyer-Burckhardts Frauengeschichten« der erste Gast sein möchte, sagte sie ohne zu zögern zu. Es wurde ein hinreißendes Gespräch. Übrigens der einzige Gast bisher, der zu spät zur Aufzeichnung gekommen ist. Ich sehe das gnädig: Sie ist gern so lange wie möglich bei ihrem Mann und ihren Kindern zuhause und fährt deshalb immer recht spät los. Was soll man da sagen?

So beginnt sie auch die Aufnahme ihrer dritten CD mit der Frage in die erstaunte Runde, ob sie denn eventuell ... »bis 16:30 Uhr durch ist. Dann könnt ich nämlich den frühen Flieger nehmen. Weil ich doch eigentlich nichts anderes möchte als schnell wieder nach Hause.«

Sie hat dann die gesamte CD in drei Tagen eingespielt.

Barbara Schöneberger gehört in eine Riege mit Hans-Joachim Kulenkampff, Thomas Gottschalk und Harald Schmidt gestellt. Auch bei diesen dreien hatte ich als Zuschauer immer den Eindruck, dass sie ihr enormes Talent verantwortungsvoll – heute würde man sagen »achtsam« – verwalten. Barbaras Demut geht so weit, dass ihr auf die Frage, was Glück für sie sei, ein BRESSO Werbespot aus dem Fernsehen einfällt. Menschen sitzen draußen an einem Holztisch, ländlich gedeckt, Baguette und (Bresso-)Käse auf dem Tisch, eine Flasche Wein. Es sind lustige Leute da, Kinder springen umher. Mehr möchte sie nicht, aber »mehr« gibt es wahrscheinlich auch gar nicht.

Sie möchte auch nur dann einen Tag in die Vergangenheit reisen, wenn man ihr vorher die Garantie gibt, dass sie genau da, wo sie jetzt (!) ist, wieder rauskommt. Wahrscheinlich nicht ganz pünktlich, sie wird behaupten, es lag an der Zeitmaschine.

Von Barbara kann man lernen, JETZT zu leben. Ja, »der liebe Gott«(an den sie als Katholikin glaubt) hat es gut mit ihr gemeint. Sie ist »gifted«, wie es im Englischen heißt, beschenkt eben, begabt. Sie weiß das und geht vielleicht genau deshalb mit denen, die ihr nah sind, so großzügig, ja, großherzig um. Barbara gibt immer viel weiter, sie »verströmt« sich.

Und wenn ich ihr nun diesen Text jetzt so zur Freigabe vorlegen würde, wird sie ihn hoffentlich durchwinken, um dann aber gleich einen (vermutlich etwas frivolen) Witz zu erzählen. Damit es nicht zu feierlich wird. Das mag sie nicht so.

Sie ist übrigens eine hervorragende Witze-Erzählerin mit einem guten Timing. Die Pointe ist immer pünktlich. Ihre Erzählerin gelegentlich.

»ICH EMPFEHLE ZU LEBEN.«

Barbara, teilst du meine Meinung, dass die Frau per se interessanter ist als der Mann?

Das ist eine schwierige Frage. Ich hab ja auch ein Herz für Männer. Wenn Frauen gut drauf sind, sind sie super. Allerdings, wenn ich als Frau mit Ehepaaren spreche, reibe ich mich oft mehr am Mann, inhaltlich gesehen, weil Frauen manchmal etwas zurücktreten in der Beziehung. Ich finde aber, dass Frauen, wenn sie miteinander sind und zusammenhalten und an einem Tisch sitzen, das Beste sind, was einem passieren kann.

Es heißt, Frauen seien facettenreicher.

Ja, Frauen können eben viele Gesprächsstränge gleichzeitig bedienen. Ich muss immer sehr lachen, wenn ich mit Mädchen rede. Weil dann unterhalten wir uns, mit der linken Hand rührt man irgendwie irgendwas im Kochtopf, achtet darauf, dass die Kinder nicht die Treppe runterfallen, und gleichzeitig redet man eben über vier verschiedene Sachen. Mit einem Mann besprichst du eine Sache, und dann kannst du vielleicht noch ein, zwei kleine unterschiedliche Sachen ansprechen, aber dann war's das auch schon. Die geraten da an eine natürliche Grenze, was ja auch okay ist.

Sind Frauen fähig zur Solidarität?

Ja, in höchstem Maße. Nur nicht, wenn's um Kinder geht. Vielfach wird ja in der Branche behauptet, es wäre ein Hauen und Stechen unter den Frauen und alle schauten **197** *nur danach, ist die dünner und ist die ... Natürlich guckt man, wie sehen andere Frauen aus und danach, was die Konkurrenz macht. Aber im Großen und Ganzen glaube ich, dass Frauen miteinander was ganz Tolles sind. Und ich weiß es aus meinem privaten und auch aus meinem beruflichen Umfeld, dass es eben nicht diese Neid- und Eifersuchtssache gibt. In Bezug auf Kinder merke ich aber, dass Frauen sich doch so verletzlich fühlen, was ihren eigenen Angang an die Sache betrifft, dass sie immer wieder versuchen, sich selbst zu positionieren und die anderen ein bisschen wegzubeißen.*

Gibt's so etwas wie einen Wettbewerb der Mütter?

Ja, extrem. Also, wer ist die beste Mutter, weil jede will da wirklich gewinnen, denn da geht's ja um was. Schuhe, Klamotten und Gewicht sind irgendwann egal. Aber wie schaffe ich es, aus meinem Kind einen guten Menschen zu machen, wie geht dieser Weg über möglichst wenig Zucker, über möglichst viele Spielgruppen? Geht er über möglichst viel Selbstständigkeit, gehe ich mit zur Schaukel, bleibe ich auf dem Handtuch sitzen, biete ich die ganze Zeit Bio-Knabberzeug an oder eben nicht? Das sind alles Fragen, die bewegen uns Mütter. Und da sind wir eben alle unterschiedlich.

Die große Frage von »Harry und Sally«, dem wunderbaren Film aus den Siebzigern, ist ja: Können Männer und Frauen befreundet sein?

Ja, aber warum eigentlich? Ich finde, ein Gespräch mit Männern ist immer dann interessant, wenn auch ein gewisser Flirt theoretisch möglich ist. Egal, wie alt man ist, wie alt die Männer sind, mit denen ich spreche, oder die

Frauen, mit denen du redest, oder wie undenkbar eine sexuelle Konstellation theoretisch wäre. Aber irgendwie schwingt das doch immer mit. Und wenn man das ganz auf einer freundlichen Ebene macht – man muss ja nicht mit jedem ins Bett gehen ...

Hat deine Mutter dir ein bestimmtes Frauenbild vorgelebt?

Ich bin unterschiedlich geprägt, zum einen von einem völlig traditionellen Bild: Vater arbeitet, Mutter ist zu Hause. Mein Vater hat das Geld verdient als Künstler, was ja immer noch ein sanftes Geldverdienen ist. Mein Vater ist kein Alphamann, der morgens rausgeht, Bäume ausreißt und Menschen aus dem Weg schiebt. Aber er war für das Geld in der Familie zuständig. Und meine Mutter hat dieses Geld verwaltet, ausgegeben, und auch alles im Haushalt gemacht, und zwar perfekt. Wenn mein Vater ein Konzert hatte, nahm meine Mutter mich aus dem Zimmer und hat mit mir ganz leise im Kinderzimmer gespielt, sodass er seinen Mittagsschlaf halten konnte. Heute, zwanzig Jahre später, gibt mein Vater zu, dass das manchmal gar nicht so nötig war, aber meine Mutter wollte ihm damit einfach einen Gefallen zu tun. Also war das, was mir vorgelebt wurde, sehr konservativ. Meine Mutter und mein Vater haben aber immer zu mir gesagt:»Mach dich nicht abhängig, verdien dein eigenes Geld, stell dich auf eigene Beine.« Und immer, wenn ich mit einem Mann zusammengezogen bin, was ich häufiger mal gemacht habe, sagten meine Eltern:»Warum machst du das, mach doch dein eigenes Ding, quetsch dich doch nicht in so eine Sache rein.« Insofern merke ich auch heute an mir, dass ich eigentlich völlig emanzipiert lebe und doch manchmal bestimmte Sachen mache und denke, die dem entgegenstehen: Komm, ich **199** *mach die Wäsche, ich koch das schnell, ich putz das rasch weg. Erstens, weil es dann schneller geht, als wenn ich es meinem Mann auftrage, und zweitens, weil ich auch denke, na ja komm, was soll der jetzt mit einem Putzlappen ...*

Gab es eine Großmutter?

Ja, aber sie war nicht prägend, kann man sagen. Weil sie so weit weg war. Ich habe sie nur ein oder zwei Mal im Jahr gesehen.

Du hast eine Anekdote erzählt über deine Großmutter, ich weiß nicht, ob du diese einem größeren Publikum auch erzählen möchtest. Die Anekdote bebildert ganz gut das Verhältnis zur Sexualität.

Meine Großmutter hat sie öfter erzählt, wenn im Familien- und erweiterten Freundeskreis in lustiger Runde das Gespräch darauf kam, dass die Frauen abends noch dem Mann »zur Verfügung stehen mussten«. Ich war ja noch ein kleines Kind und dachte trotzdem, dass man abends doch auch fertig von der Arbeit des Tages ist ... Und da sagte meine Großmutter immer: »So müd' is man ned.« Also, so müde ist man nicht ...

Als dass man sich verweigert.

... als dass man sich verweigert, genau.

Jeder Gast, Barbara, heute und die künftigen Gäste auch, bringen drei Musikstücke mit. Das hab ich mir so überlegt. Und du hast u. a. von U2 »One« mitgebracht. Barbara, welche Beziehung hast du zu dem Lied?

»One« habe ich gehört, ich würde mal sagen 1992/93, da hab ich gerade Abitur gemacht, und das war für mich das erste Schnuppern von Freiheit. Damals hatte ich meine erste große Liebe, und wir fuhren mit dem Auto alleine nach Frankreich, gerade den Führerschein gemacht und mit tausend Mark in der Tasche. Es war die erste Freiheit, die wir zusammen genossen haben. Ich durfte eigentlich, bis ich achtzehn war, nicht wahnsinnig viel, und dann eben plötzlich alles. Und das verbinde ich extrem mit diesem Lied.

Also war U2, »One«, der Song, der für Barbara das Flugzeug in die Freiheit war.

Ja, das Flugzeug in die Freiheit, Schule vorbei, das Leben vor sich und nicht wissen, was man macht, aber sich trotzdem sicher fühlen. Das war eine gute Zeit, dahin würde ich gerne noch mal springen. Nur kurz, und nur mit einer absoluten Garantie: dass ich, wenn ich wieder zurückspringe, genau hier mit dir rauskomme um 16:30 Uhr am Sonntag. Ich möchte auf keinen Fall irgendwo anders abbiegen und dann woanders rauskommen. Dann würde ich doch nicht zurückgehen wollen.

Was vermisst du denn?

Alles zum ersten Mal noch einmal zu machen, das fänd ich schon toll. Dieses Gefühl, das hast du ja nie wieder, weil du dann schon weißt, wie's läuft. Also zum ersten Mal irgendwo mit dem Auto hinfahren, zum ersten Mal bei jemandem übernachten dürfen, zum ersten Mal irgendwelche Sachen zu machen, das fänd ich schon ein gutes Gefühl.

Barbara, sprechen wir noch über deine neue CD, die kürzlich rausgekommen ist. Wie ist deine Beziehung zu dieser Musik?

Die ist sehr gut, weil wir da sehr schöne Songs draufgepackt haben, die auf mein jetziges Leben zugeschnitten sind. Meine erste CD ist schon sieben Jahre zurück, die Zeit ist so schnell vergangen. Und ich hab dieser Musik unheimlich viel zu verdanken. Ich habe angefangen zu singen auf das Geheiß anderer. Sie rieten mir, das Ganze zu professionalisieren. Am Anfang dachte ich, na, ist doch peinlich, braucht doch kein Mensch. Und dann haben wir's gemacht, und mein allererstes Konzert war in Hamburg.

Stichwort Hamburg. Was ich bei dir und Tina Turner nicht verstehe: Ihr seid beide tolle Sängerinnen, ihr seid beide tolle Bühnenpersönlichkeiten, aber ihr schreibt die Songs nie selbst. Auch Tina Turner tut das nicht.

Rod Stewart tut's auch nicht.

Vorhin sprachst du über Hamburg. Hast du eine bestimmte Beziehung zu Hamburg? Du hast dort ja mal gelebt.

Ja. Ich habe dort gelebt, zweieinhalb Jahre in Othmarschen. Jeden Morgen fuhren diese großen Porsche Cayennes aus den lautlos sich öffnenden Toren, und ich hatte manchmal etwas Beklemmungen. Aber es war auch wunderschön, Hamburg ist mit Sicherheit die schönste Stadt Deutschlands, und ich habe auch mein erstes Konzert in der Laeiszhalle gegeben. Und zu diesem Zeitpunkt konnte ich mir nicht vorstellen, wie das wird. Es sind wirklich Menschen gekommen, die Halle war ausverkauft, es war ein

Riesenerfolg. Es war sozusagen der Beginn einer wirklich anderen Karriere, denn Fernsehen ist mit so etwas nicht vergleichbar. Und dann: ein eigenes Konzert zu geben, wo man auf der Bühne steht, singt, dazwischenquatschen kann. Die Leute kamen, weil sie mich sehen wollten. Das war überwältigend. Und deswegen habe ich eben Hamburg, dem Hamburger Publikum und auch diesem Konzert wirklich viel zu verdanken.

Ich habe dich bei deinem größten Konzert gesehen, in der Stadthalle in Kassel, aber das ist ein anderes Thema ...

Es war das beste, das ich je gegeben habe.

Du hast der Zeitschrift »Emotion« anvertraut, dass du nie Lampenfieber hast.

Kein Lampenfieber, das mich lähmt.

Aber schon eine gewisse innere Unruhe, wenn du hinter der Bühne stehst, bevor du auftrittst ...

Kommt drauf an, was ich mache ...

Nehmen wir an, du bist auf Tournee mit deiner Musik.

Horror! Natürlich. Ganz schlimm! Weil die Menschen extra wegen mir kommen. Also erstmal ist es so, dass ich grundsätzlich hoffe, es kommt jemand, und das Konzert wird nicht abgesagt. Bei allem, auch bei jeder Fernsehsendung, denke ich mir das. Oder es kommt irgendwas dazwischen, oder ein Kabel reißt, und ich kann oben in der Garderobe bleiben. Es kostet mich immer eine gewisse Überwindung, auf die Bühne zu gehen. Und dann

203

zu wissen, jetzt zweieinhalb Stunden zwanzig Lieder zu singen, das ist ja auch anstrengend. Und dann gehe ich raus und kämpfe gegen den Gedanken an, den Leuten zu sagen, falls es heute Abend nicht so lustig wird, möchte ich mich jetzt schon mal entschuldigen. Man muss von der ersten Sekunde an Vollgas geben und die Leute auf seine Seite bringen. Und das ist eben immer Arbeit und Anstrengung. Aber zugleich ist das ja auch der Job. Und den mache ich dann.

Mein Verdacht ist ja, dass du deshalb einen so irren Erfolg hast bei allen Dingen, die du je angefasst hast und anfasst, weil du keine Furcht vor der Niederlage hast. Ist das richtig?

Ich male mir eine Niederlage nicht vorher aus. Häufig war es erst nach ein paar Liedern so, dass ich dachte: Könnte ja auch schiefgehen. Und dann lief's aber auch schon. Der Zug fuhr bereits. Ich bin auch in jedes Trennungsgespräch in meinem Privatleben reingegangen, ohne eine Ahnung zu haben, wie ich am Ende rauskommen werde. Ich denke nicht wie viele andere darüber nach: Was hast du dir vorgenommen? Wie soll es enden? Hast du ein Szenario, wo du hinwillst? Ich gehe in ein Gespräch und gucke erst einmal. Und selbst dann, wenn ich mit der vollen Absicht in irgendeine Sache reingegangen bin und mir dachte, den Arsch verlasse ich jetzt ... Diese Haltung zieht sich durch mein Leben. Ich denke immer nur ein paar Tage im Voraus, wenn ich ehrlich bin.

... Bevor sich Barbara jetzt um Kopf und Kragen redet ...

Ich werde gerade warm.

... hören wir nun das zweite Lied, das du mitgebracht hast, von Barbra Streisand »Happy Days Are Here Again«.

Für dich ganz schön hart, Barbra Streisand anzuhören.

Nein, ich bewundere die Künstlerin, weil sie eine tolle Filmproduzentin ist, eine tolle Schauspielerin und eine tolle Musikerin. Aber ich habe keine – stimmt! – CD von ihr. Du kennst keinen Mann, der sie mag?

Ich kenne keinen unschwulen Mann, der Barbra Streisand hört, freiwillig. Als ich im Konzert war bei Barbra Streisand, mit gefühlten zwanzigtausend Homosexuellen in der Waldbühne, haben wir alle geheult und fanden sie alle richtig toll. Sie war mit ihrem Hund auf der Bühne, und dann kam James Brolin, ihr Mann. Der Hund hatte Geburtstag, kriegte eine Torte ... das war so wunderbar, so amerikanisch. Als heterosexueller Mann ist man befremdet, ich kann das verstehen ...

Ähnlich wie bei Madonna, ich kenne auch nur Schwule und Frauen, die sie richtig gut finden.

Das stimmt. Aber bei Barbra Streisand kann ich wirklich schluchzend vor dem Fernseher sitzen, wenn sie ihr Konzert gibt.

Du hast eben erzählt, dass du in Trennungsgespräche mit Männern gegangen bist, aber dir nicht wirklich strategisch klar warst, ob du die Trennung wolltest oder vielleicht doch noch Dinge mit ihm anzustellen, die Mann und Frau gelegentlich nach 22 Uhr tun, wenn das Licht dunkler wird. Das heißt, strategisch bist du nicht wirklich in deinem Leben?

205

Strategisch bin ich eine Null. Ich spiele mit einem Vier-jährigen »Vier gewinnt« und der sagt nach zehn Minuten zu mir: Komm, wir machen für dich, dass es Drei gewinnt heißt. Und so ist es auch bei Mühle oder Schach ... Aber ich möchte gar nicht vorausschauend handeln. Ich denke immer, erstmal kommen lassen, dann schaun wir mal.

Ich weiß, dass du eine glückliche Frau bist, alle Facetten betreffend, die ein Leben ausmachen, aber träumst du manchmal von einem ganz anderen Leben? Und träumst du überhaupt?

Nein, niemals von einem anderen Leben. Und nachts träume ich halt total bekloppte Sachen. Ich träume, wenn ich Angst vor Jobs habe, z. B., dass ich meine Schuhe nicht finde. Aber das ist auch schon das Schlimmste. Manchmal träume ich Angst, aber niemals davon, einmal Morten Har-ket von a-ha zu treffen oder mit einem Wohnmobil durch Australien zu fahren.

Aber Morten Harket wäre so ein Mann ...

Nein, überhaupt nicht. Ich möchte genau das leben, was ich lebe, und auch mit den Menschen. Ich möchte auch nicht Madonna kennenlernen, ich habe Robbie Williams kennengelernt, find ihn auch toll, aber er ist eigentlich ein dicker Engländer, natürlich wahnsinnig lustig, ja, und ein toller Typ. Ich möchte am liebsten zu Hause sein mit mei-nem Mann, meinen Kindern, ein paar Freunden und einem vollen Kühlschrank. Das ist das Ende meines Traums.

Ich werde immer mal wieder gefragt, du hast das Ver-gnügen, Hubertus, mit Barbara Schöneberger zu mode-rieren, und die häufigste Frage ist natürlich: Wie ist die denn so? Das Einzige, was ich preisgebe, ist immer der Satz: Die Barbara ist von ihrem eigenen Erfolg gänzlich unbeeindruckt.

Ja, weil ich das einfach vergesse. Für mich ist es jedes Mal wieder wie ein Neubeginn von allem. Ich denke mir über diese zweieinhalb oder drei Wochen, die ich Urlaub gemacht habe, über die Weihnachtsfeiertage, ich habe alles vergessen. Wenn ich dann auf die Straße gehe und jemand erkennt mich, weiß ich gar nicht, warum. Ich bin dann so raus und es kostet mich eine solche Mühe, wieder gedanklich einzusteigen, wieder diese engen Kleider und die unbequemen Schuhe. Also, das ist lustig, ich schalte es total weg. Das klappt einfach wie eine Wand nach hinten weg und ich seh's nicht mehr.

Sprechen wir über Zeit. Was ist dein Verhältnis zur Zeit, zur vergehenden Zeit?

Ich hab jetzt in letzter Zeit ein bisschen gemerkt, dass ich im Umgang mit jüngeren Männern denke, ach Gott, wenn die wüssten, wie ich nackig aussehe. Und ich habe mich dabei ertappt, dass ich manchmal joviale Bemerkungen mache zu Jüngeren: »Als ich so alt war wie ihr ...« Dann dachte ich mir, Schöneberger, reiß dich zusammen. Tatsächlich ist es so, dass ich heute manche Dinge anders sehe. Über vierzig zu sein macht mir keine Angst, weil ich ja das für mich perfekte Leben lebe. Wenn ich jetzt unverheiratet und ohne Kinder wäre und ich würde mir sehnlichst Kinder wünschen, dann wäre ich sehr unglücklich. Weil kurz über vierzig ist es dann schon so, dass man sagt, jetzt muss schnell mal einer her, sonst wird's nichts mehr.

Ich mache ja die Beobachtung als jemand, der Ende fünfzig ist, dass, je mehr Lebenszeit vergeht und je weniger Lebenszeit du vor dir hast, desto mehr weißt du das Leben zu schätzen und zu genießen. Ich lebe heute viel lieber als vor fünfzehn Jahren. Meine Mutter hat mal gesagt, glücklich sein ist eine Entscheidung, kein Schicksal. Ich habe mich wirklich dazu entschieden, glücklich zu sein, auch dann, wenn es mal nicht so toll läuft.

Ich glaube, dass das, was du jetzt lebst, auch ein Ergebnis dessen ist, dass du davor nicht so viel darüber nachgedacht hast.

Das mag sein.

Du hast natürlich sehr viel gearbeitet und warst sehr erfolgreich, und deswegen kannst du jetzt auch das Leben so leben, wie du's eben lebst. Ich glaube halt, wer mit zwanzig und vierzig schon nur mit dem Rucksack durch die Welt reist und die ganze Zeit nur die schönen Dinge genießt, der wird vielleicht mit vierzig sagen: Schade, dass ich gar kein einziges Möbelstück habe und dass ich jetzt doch nicht das Leben leben kann, das ich gern hätte, weil ich es mir einfach nicht leisten kann. Unabhängigkeit hat für mich auch immer etwas mit Materiellem zu tun. Ich bin noch tief in der materiellen Phase und erst kurz davor, in die postmaterielle einzutreten. Ich bin noch nicht so weit, dass ich Weihnachts- und Geburtstagsgeschenke ablehne.

Es heißt, du bist finanziell aber aus dem Gröbsten raus.

Keine Ahnung, wann ist man das schon?

Was ist für dich Glück?

Für mich ist das Schönste – ich beschreibe das immer so: Es gab früher eine Bresso-Werbung, da sitzen Menschen um einen Tisch, der unter einem Baum steht, ein langer Holztisch, ländlich gedeckt, es gibt zu essen, man bricht sich Baguette ab, es sind viele Leute da, die lustig sind, Kinder laufen herum. Idealerweise schönes Wetter und ein See ist direkt in Laufweite, sodass man da nachts noch nackt drin schwimmen kann. Das ist meine Definition von Glück. Lustigerweise fühle ich mich eigentlich immer so. Ich hab im Geiste, egal, wo ich bin, eigentlich diesen Tisch immer dabei, den klapp ich aus und laufe selber notfalls immer drum herum, wenn keine Kinder da sind. Aber dass es tatsächlich so ist, genau dieses Szenario, das ist doch nur an zwei Tagen im Jahr der Fall.

Stellen wir uns dieses Szenario vor, das du gerade geschildert hast, und kommen wir zu dem dritten Song, den du uns mitgebracht hast. Es ist Rod Stewart, »She Makes Me Happy«, von seiner neuen CD »Time«. Barbara, du hast erzählt, dass du Rod Stewart zweimal backstage getroffen hast.

Ich habe ihn mal interviewt auf dem roten Teppich beim Laureus Sports Award, und eine Woche später sah ich ihn beim Bambi wieder. Und da kam er tatsächlich hinter die Bühne und sagte: »Hey Babs, how you doin?« Er strahlte aus jeder Pore, und ich fühlte, dass man mit ihm viel Spaß haben kann. Ist ein cooler Typ. Ich glaub, wenn du abends sagst: Komm, wir kochen Spaghetti – er würde kommen.

Was muss denn ein Mann haben, damit du in Wallung gerätst? Wir sprachen ja schon über Sebastian Koch. **209**

Humor muss er haben, kinderlieb und tierlieb muss er sein.

Frauen sagen immer über einen Mann, den sie lieben, er hat mich zum Lachen gebracht.

Das, was es für mich ist, kann man schwer beschreiben. Man muss einem Mann im Gespräch anmerken, dass er auch eine Sau sein kann. Es gibt Typen, die sehen wahnsinnig verwegen aus. Und dann unterhältst du dich mit ihnen, und sie haben einen Dialekt oder eine solche Naivität, wie sie über Dinge erzählen, die »wahnsinnig süß« sind, dass du denkst, mit dem kann man mit einem Labrador stundenlang über eine grüne Wiese laufen. Aber irgendwie haben sie nichts Verruchtes. Ich finde, ein Mann muss ein Geheimnis haben. Gleichzeitig muss er für mich auch konservative Züge haben. Ich kann nichts mit einem langhaarigen Künstler anfangen, der immer sagt: »Ich hab ein Lied geschrieben ...« – ich bin geprägt von einem relativ konservativen Männerbild. Und das find ich auch gut. Ich mag, wenn Männer aussehen wie Männer, wenn sie sich anziehen wie ganz normale Männer und wenn sie keine modischen Allüren haben. Was das Innere angeht, finde ich es außerdem schön, wenn die nicht zu kompliziert sind. Wenn er z. B. mit der Mutter gut umgeht, super! Die meisten Männer, mit denen ich irgendwann Probleme bekam, hatten ein Problem mit ihrer Mutter.

Ich habe die Beobachtung gemacht, dass in den Kinofilmen – die ja immer Spiegel der Gesellschaft sind – der Fünfziger-, Sechzigerjahre, Männer wenig geredet haben. Auch im Western hat der Mann wenig gesprochen. Während heute die Männer viel erzählen. Es wird viel zugehört und Tee gekocht usw.

Zuhören und Tee kochen war vor vierzig Jahren. Es gibt halt solche Typen, die viel reden, und es gibt auch Frauen, die nicht so viel reden. Bei uns zu Hause würde ich jetzt fast sagen, dass mein Mann mehr redet als ich letztendlich ...

Dein Mann redet noch mehr als du?

Ja, ich glaube schon. Wenn wir zusammensitzen und über ein Thema reden, redet er, glaube ich, mehr als ich. Ich finde, sich auszutauschen ist schon essenziell ... und das auch schnell – also jemand, der stundenlang nach Worten sucht und alles zigmal dreht und abwägt, wäre nicht meins.

Du hast Kinder. Was möchtest du deinen Kindern als Wert mitgeben? Gibt es einen Wert, der über allem steht? Wo du sagst, so sollen meine Kinder sich eines Tages an mich erinnern.

Was die Prägung betrifft, habe ich meine Meinung zu Kindern grundlegend geändert. Ich dachte immer, wenn man nur ganz viel erzieht und vorlebt, dann machen sie einem das alles nach und werden genauso wie man selbst. Aber sie bringen ihr eigenes Päckchen mit und entscheiden alles selbst. Das zum einen. Zum anderen glaube ich aber eben doch: Wie man in den Wald hineinruft, so kommt's heraus. Ich öffne jedem Briefträger, jedem Handwerker und jedem Menschen, der zu uns kommt, mit einem freundlichen »Hallo« und »Wie geht's?« und »Kommen Sie rein« ... Und ich merke, dass das auch mein Sohn so macht. Ich finde das toll. Denn ich merke, dass die Resonanz dann eben positiv ist. Das habe ich eben von meinen Eltern mitgekriegt. Ich glaube, dass man das einem Kind mitgeben kann. Das bringt nicht nur dem anderen Menschen etwas, sondern letztendlich einem selbst. Ich finde, das ist die Basis von allem. Dass man selber Liebe geben kann, weil man Glück erfahren hat. Und ich glaube, das möchte ich gerne weitergeben.

Wir kommen noch mal auf die neue CD zurück. Ich hab dich vor der Sendung gefragt, welchen Song der neuen CD du mitbringen möchtest. Du hast dich entschieden für »Mein Mann der Wahl«. Warum ist das dein Lieblingslied?

Ich find's wahnsinnig lustig, weil »mein Mann der Wahl« zweideutig ist (»mein Mann, der Wal«). Und sehr lustig war ja, dass niemand meinen Mann kennt und der sich jetzt beschwert hat.

Weil er schlank ist.

Weil er aussieht wie ein Gott. Letztens stand in der Zeitung irgendwo: »Barbara Schöneberger lässt uns an ihrem Privatleben über ihre neue CD teilhaben. Dort beschreibt sie die Figurprobleme ihres Mannes.« Und er hat gesagt: »Was? Spinnst du? Die denken jetzt, ich bin dick.« Ist er nicht.

Ich hab dich in den vielen Jahren, die wir uns jetzt schon kennen, nie schlecht gelaunt erlebt. Manchmal jedoch gereizt und immer dann gereizt, wenn's nicht schnell genug ging. Ich glaube, Geduld ist nicht die Charaktereigenschaft, die einem als Erstes einfällt, wenn man an dich denkt.

Ich bin wahnsinnig ungeduldig, und das muss ich auch dringend ändern. Ich laufe auf der Straße nie normalen Schrittes, sondern renne immer, weil ich immer etwas erledigen muss. Und ich versuche, immer viel zu viel in meinen Tag reinzupacken. Ich möchte eigentlich immer alles schaffen und ich kenne mich selbst nur in der zweiten Reihe parkend, in einen Laden reinspringen: »Können Sie's kurz ... machen Sie kurz ...« Und wenn dann die Verkäuferin noch einen auf Service macht und in Seidenpapier einschlägt, was ich gerade kaufe, dann reiß ich ihr's aus der Hand, stopf es so in die Tüte. Die Leute haben schon Stress-Schweißperlen auf der Stirn, wenn ich komme, weil ich eine solche Unruhe verbreite.

Gibt's eigentlich irgendeine ganz einfache Betätigung, die dich entspannt? Ich habe neulich eine Talkshow gesehen aus Amerika mit Letterman, und da war Cher eingeladen, die Sängerin und Schauspielerin, und die sagte: Pediküre. Das Rot-Bemalen ihrer Fußnägel beruhige sie wahnsinnig. Mich beruhigt zum Beispiel Schuheputzen sehr. Du kannst mir auch deine Schuhe noch geben, ich kann Hunderte von Schuhen putzen, und es ist für mich Spaß und Erholung.

Ich habe in meinem Leben noch keine Schuhe geputzt, weil meine Schuhe, die sind ja immer so ..., die trägt man drei Monate, dann denkt man sich, warum habe ich eigentlich pink getragen, weg mit den scheußlichen Dingern!

Wie ist es mit Gartenarbeit?

Ich liebe Gartenarbeit. Ich muss was tun. Ich entspanne mich beim Arbeiten, bei der Hausarbeit, beim Einsortieren, beim Umsortieren, beim Wegsortieren.

Es ist so schade, dass wir uns bei aller Freundschaft nie ineinander verliebt haben. Denn: Eigentlich bin ich wie **213** du. Ich kann zum Beispiel keinen Urlaub machen. Mich macht Urlaub rammselig.

Urlaub ist schön, aber Urlaub in den eigenen vier Wänden. Ich brauche eben jetzt ein Ferienhaus in Österreich oder in Italien oder Frankreich. Damit ich dort rumräumen kann. Ich kann mich in das noch so tollste Luxushotel einmieten. Wenn ich morgens zum Frühstück mit anderen Leuten am Buffet stehe, die Ananas in Form einer Magnolienblüte geschnitten ist ... das ist nicht meins. Ich will morgens selbst bestimmen: Was ess ich, wann ess ich, wo ess ich? Und deswegen werde ich jetzt für ein Ferienhaus sparen ...

Mit Christine Westermann übers Älterwerden zu sprechen ist spannend. Spannend deshalb, weil sie ihre Ängste, Hoffnungen, Eitelkeiten offen thematisiert. Und das bei Wein und gutem Essen. Sie ist eine Frau, die sich vorgenommen hat, glücklich zu sein. Als ich ihr in einem Vorgespräch sagte, dass ich häufiger traurig sei, seitdem ich so glücklich bin bzw. sein darf, verstand sie das sofort.

Zur 100. Sendung von *Zimmer frei* war ich bei Götz Alsmann und ihr zu Gast. Es war mir Ehre und Freude gleichermaßen. Nach der Show wurde gefeiert, die damalige Programm Direktorin Verena Kulenkampff war zum Jubiläum erschienen, Reden wurden gehalten. Es gab Bratwürstchen und Kölsch. Nachdem die meisten Gäste gegangen waren, saß ich mit Christines Mann und ihr noch eine Weile zusammen. Wir kannten uns oberflächlich, vom »Schirm« halt, und waren uns trotzdem rasch nah. Ich verstand schnell, dass sie eine suchende Seele ist, ihr ganzes Leben lang war, dass sie kein Mensch ist, der die Scholle braucht. Sie ist, so pathetisch das klingen mag, in ihrem Selbstverständnis Gast auf diesem Planeten, mit begrenzter Aufenthaltsgenehmigung. Das wird immer wieder deutlich, wenn sie sich selbst beschreibt, bemüht ist, von ihrer facettenreichen Persönlichkeit zu berichten. Und da bewegt sie sich auf schmalem Grat: Denn einerseits ist sie authentisch und mit allen und jedem in vertrautem Ton. Auch bei der after-show-Party damals in Köln. Gleichzeitig bleibt sie eine Dame. Hält Distanz. Sie beschreibt Persönliches, nie Privates.

Und wenn sie spricht, formuliert, dann oft ein wenig zögernd. Sie tastset sich durch die Worte. Sie fährt verbal auf Sicht, jederzeit bereit zu einer Vollbremsung, wenn sich das Gespräch als eine Vergeudung herausstellen sollte.

Und mir scheint, sie hat zur Einsamkeit eine fast erotische Beziehung. Sie stellt dies gern heraus, dass sie eigentlich keinen braucht. Wohl aber ihren Mann liebt.

Als ich das Gespräch mit ihr in Köln aufgezeichnet hatte, gingen wir danach einen dieser langen WDR-Flure hinunter. An einer Glastür hatte jemand ein Plakat aufgehängt, darauf stand: Fuck the past, kiss the future. Ich vermutete, dass sie das gesehen hatte. Sie lächelte ein wenig. Aber sie darauf anzusprechen, schien mir zu trivial. Das ist nicht ihr Level.

»JA, ICH ZOCKE. ICH DARF NUR KEINE KREDITKARTE MITNEHMEN.«

Heute ist ein Gast hier, der mir besonders am Herzen liegt, Christine Westermann.

Ich freue mich sehr, dass ich hier bin, herzlichen Dank für die Einladung!

Christine, du bist heute leicht verkühlt und hast einen Drops im Mund, und die Empfehlung geht zurück auf einen Mann, der dir ohnehin – weniger am Herzen, sondern mehr ...

... im Kopf, also im Hirn lag, genau. Hanns Joachim Friedrichs moderierte damals die »heute«-Sendung, und ich war Volontärin in der Redaktion. Er war ein wunderbarer, großartiger Kollege. Ich erinnere mich an sehr schöne private Sachen, dass wir z. B. den vierzigsten Geburtstag einer Kollegin gefeiert haben, wir standen zusammen, und er tanzte Walzer mit mir. Also, ich stand mehr am Rand, weil wir beide uns so lange nicht linksherum drehen konnten. Und dann redeten wir über Bücher, und er fragte: »Liest du eigentlich auf Englisch?« – Er war ja lange Korrespondent in Amerika. Ich verneinte das und schämte mich gleichzeitig ein bisschen, bildungstechnisch nicht auf dem höchsten Niveau zu sein. Trotzdem, es war ein wunderbarer Ratschlag, und ein halbes Jahr später fing ich an, Bücher auf Englisch zu lesen, noch lange, bevor ich in Amerika war. Das Buch ist einem so viel näher, und man sieht so viel mehr Bilder, wenn man es in der Originalsprache liest – ich kann das leider nur auf Englisch, bei Französisch oder Italienisch müsste ich schon passen. Aber das war ein toller Tipp von Friedrichs.

217

Hanns Joachim Friedrichs hat dir einen weiteren Rat gegeben, der, wenn er stimmt, fast traurig ist, nämlich: »Hüte dich vor Ironie, Ironie wird in Deutschland nicht verstanden.« Hatte er Recht?

Ja, ich finde schon, dass er Recht hat. Wenn ich an »Zimmer frei!« denke und Götzi – ich glaube, das ist personenbezogen. Also, bei Götz Alsmann wird Ironie verstanden. Und wenn ich ironisch bin, denken die Leute immer, die Westermann meint das ernst. Ich glaube einfach, man traut mir Ironie nicht so richtig zu; ich weiß nicht, warum. Vielleicht bezieht es sich nur auf mich.

Dr. Götz Alsmann, den du »Götzi« nennst, hat deine Gesprächsführung wie folgt beschrieben, Zitat: »Wenn Christine Westermann oben im freien Zimmer über eines ihrer Lieblingsthemen spricht, schlechtes Essen, schlechter Sex, Tod, dann Betroffenheit, der ganze Mensch eine einzige Lichterkette.« Zitatende. Kannst du diesen Spott aushalten?

Ja, das kann ich gut aushalten. Er macht das als Warm-up, und dann sehe ich, wie die Leute mich angucken, die Zuschauer, das Publikum, das Studio, und das in einer Mischung zwischen »Ach, die Arme« auf der einen und »Ach, das steckt die locker weg« auf der anderen Seite. Und genau so ist es.

Als wir uns das letzte Mal getroffen haben, hattest du deinen fünfundsechzigsten Geburtstag noch vor dir. Und du hattest ihn wirklich vor dir, so war mein Eindruck. Wie hast du ihn verbracht?

Ich habe ihn sehr, sehr schön verbracht, das war eine gelungene Mischung zwischen privat und dienstlich. Ich war Jury-Mitglied in der Sitzung für die beste Reportage in deutschsprachigen Zeitungen. Ich hatte mir das lange überlegt, weil man natürlich darüber nachdenkt. Und mir eigentlich vorgenommen, in den Fünfundsechzigsten reinzufeiern, die Sitzung war am Montag, ich hätte es am Samstag wunderbar krachen lassen können. War aber morgens in Berlin dann sehr nüchtern, diese Sitzung ging von morgens 10:00 bis abends 19:00 Uhr. Wir waren dann alle in diesem Festsaal, und ich sollte eine Laudatio halten, was ich gar nicht wollte, dachte, ich könnte mich drücken und sagte: »Ach, Leute, jetzt drückt mir nicht noch so'n Ding auf, ich werde ...« Doch dann habe ich es gemacht und war sehr, sehr aufgeregt, weil fünfhundert Journalisten dort saßen, mehr oder weniger renommierte, und es kam natürlich wieder mein innerer Kritiker ins Spiel: Du bist nicht gut genug, du kannst das da oben nicht ... Ich habe mich dann einfach hingestellt, und man hat mir meine ganze Aufregung an der Stimme angemerkt. Das Schöne war, es hat mir nichts ausgemacht, und ich habe schließ- lich den Preis überreicht, die Goldene Feder oder was es da gibt. Und danach habe ich es auch nicht mehr in Berlin krachen lassen. Das Ganze war ein schönes Geschenk, fand ich, in diesem Kreis der Journalisten aufgenommen zu sein, die fähig sind zu beurteilen, warum was gut ist und warum was vielleicht nicht gut ist.

Was mich mit Sorge erfüllt, ist, dass du von 10 Uhr morgens bis 19 Uhr abends in dieser Sitzung warst, das geht knapp, auch in Berlin, bis an den Rand der Laden-schlusszeiten. Denn du hattest damals im November zu Protokoll gegeben, dein Geburtstagswunsch sei es, mit dem wunderbaren Modeschöpfer Guido Maria Kretsch-mer eine Riesen-Shoppingtour durch Berlin zu machen. Daraus ist offensichtlich nichts geworden.

Nein, daraus ist wirklich nichts geworden. Aber ich habe die Hoffnung nicht aufgegeben, bzw. der Ball liegt in meinem Feld, ich war Trauzeuge bei Guidos Hochzeit, das heißt, wir sind sehr gut befreundet. Aber, ehrlich gesagt, ich traue mich nicht, ihm diesen Wunsch anzutragen, ja, ich glaube, er weiß gar nichts davon.

Er weiß es nicht?

Nein, er weiß es nicht. Der Mann hat so viel zu tun, das wäre mir total unangenehm.

Ihr seid doch befreundet. Es heißt: Liebe auf den ersten Blick, ihr seid auf einer Schiffstour gewesen …

Da haben wir uns kennengelernt. Ich habe vergessen, wo genau, irgendwo am Mittelmeer hatte ich eine Lesung, und da sind wir uns begegnet. Es war wirklich Liebe auf den ersten Blick. Aber, ach, ich sitze lieber mit Guido im Garten. Guido trinkt ja keinen Alkohol, der weiß dann auch vier Stunden später immer noch, worüber geredet wurde, das ist großartig.

Ich will ohnehin meinen fünfundsechzigsten Geburtstag nicht mit einem Menschen feiern, der keinen Alkohol trinkt. Das ist eine deprimierende Vorstellung.

Aber er hat einen tollen Mann.

Ja, und der trinkt?

Aber ordentlich!

Okay.

Also wir alle zusammen!

Du hast eben erwähnt, als du in diese Jury aufgenommen wurdest, dass dir Selbstzweifel kamen. Selbstzweifel spielen auch in deinem Buch »Da geht noch was: Mit 65 in die Kurve« eine Rolle. Woher mögen sie rühren?

Ach, weißt du, ich glaube, dass das kein Westermann-Problem ist. Ich glaube, das ist ein Muster, was sehr, sehr viele Menschen haben, und dieses Muster heißt: ›Ich bin nicht gut genug.‹ Ich habe gelernt, dass, wenn man es mal anspricht, genau das viele sagen. Das Schöne ist, dass sich dieses Muster langsam auflöst. So war es auch bei dieser Preisverleihung, ich stand da und dachte, Mensch Westermann, das ist doch super, dass du jetzt hier stehen kannst. Du bist gut genug, du kannst das! Und ich habe die Rede frei gehalten, darauf war ich besonders stolz. Kurz vorher hatte ich mir nur fünf, sechs Stichwörter aufgeschrieben. Dann stand ich da oben mit diesem Zettelchen, und es klappte. Wenn man dann nicht das Gefühl kriegt, ich bin doch gut genug, dann weiß ich auch nicht, wann man es sonst bekommt.

Ich glaube, es war Elias Canetti, der gesagt hat, das Tragische an der Welt ist, dass die Dummen ihrer so sicher sind und die Klugen so voller Zweifel. Die Selbstzweifel mögen ja auch etwas mit der Kindheit, der Jugend, zu tun haben, über die wollen wir gleich sprechen. In unserem Vorgespräch zum Thema Musik hast du gesagt, dass du ein bisschen aufpassen musst bei der Musik deiner Jugend, weil du melancholisch wirst.

»Wehmütig« habe ich gesagt, das stimmt aber gar nicht. Man erinnert sich zurück, sitzt in der Zeitmaschine, und es kommen einem da sofort diese Bilder. Ich z. B. denke bei **221**

Blood, Sweat & Tears an meine Verlobung am 24.12.1969: Den Verlobungsring habe ich noch, den Mann nicht mehr, der lebt jetzt in Mexiko, ist das zweite Mal verheiratet und ich das erste Mal, und wir sind beide sehr happy ohne einander. Dieser Verlobte hat mich an solche Musik herangeführt, er selbst war Schlagzeuger in einer Band. Damals, 1969, konnte man nicht so einfach miteinander ins Bett gehen, da musste – jedenfalls bei seiner Mutter, die war streng katholisch – irgendwas hergezeigt werden, um woanders übernachten zu dürfen. Also haben wir uns verlobt. Und ich erinnere mich daran, dass wir in der Wohnung ganz laut diese Musik gespielt haben, die ja nun nicht besonders leicht ins Ohr geht, da muss man sich schon in eine Idee hineinhören. Ich habe es genossen, dass man da voll aufdrehen konnte, weil das bei uns zu Hause unmöglich war, das war nicht erlaubt ...

Die Nachbarn?

Nein, meine Mutter und mein Stiefvater wollten das einfach nicht, das war denen zu laut.

Wir haben eben gesagt, Christine Westermann, dass wir ein bisschen über Selbstzweifel sprechen. Darf ich dich fragen, welche Rolle deine Mutter in deiner Jugend einnahm? Das war offensichtlich eine schwierige Beziehung. Spielt sie eine Rolle bei der Entstehung deiner Selbstzweifel, die dich weit ins Erwachsenenleben begleitet haben?

Ich glaube, dass ich keine Unterstützung bekommen habe, weil es für meine Mutter relativ selbstverständlich war, dass ich mich in der Schule allein halbwegs durchgeschlagen habe. Meine Mutter war mit anderen Dingen beschäftigt, nicht mit ihren Kindern.

Sie war berufstätig?

Sie war berufstätig, ich bin die Älteste und habe zwei Schwestern, Halbschwestern, jede von uns hat einen anderen Vater. Wir sind jeweils sieben Jahre auseinander, und da liegt es nahe, dass die Älteste sich um die Kleinen kümmert. Und das habe ich auch gemacht. Meine jüngste Schwester ist fast wie eine Tochter, und das ist ein sehr schräges und schwieriges Verhältnis, auch weil ich nicht richtig Schwester bin, sondern immer noch der große Kümmerer. Daher wollte ich nie eigene Kinder haben, weil ich ja schon welche hatte. – Ich hatte einen tollen Vater, der mich unglaublich gestärkt, bestärkt und unterstützt hat, bis ich dreizehn war. Dann starb er. Das war nicht leicht für mich ...

Du schreibst in deinem Buch, dass der Tod deines Vaters dich wie ein Schlag getroffen hat.

Es war wie ein Urknall. Ich sehe ja auch Bilder, ich sehe Schwarz, ich sehe wirklich Schwarz, ich sehe relativ wenig, und ich habe Zahlen im Kopf, dreizehn bis siebzehn, und bei siebzehn kommt dann wieder Licht in dieses Bild. Mein Vater ist innerhalb von vierzehn Tagen gestorben, und ich war bei der Beerdigung alleine, weil meine Mutter ihr drittes Kind zur Welt brachte. Also, der liebe Gott hat mich da mal richtig rangenommen.

Dein Vater war sechzig Jahre alt, schreibst du, als du zur Welt kamst, er war also ein alter Vater.

Ja, das war richtig toll, ich fand es wunderbar. Weil er alle Zeit der Welt hatte, weil er sich ein Kind sehr gewünscht hatte, und das hat er mich auf eine wunderbare Weise **223** *spüren lassen. Er hat mich spüren lassen, wie willkommen ich war. Und er packte unglaublich viel in mich hinein, vielleicht weil er wusste, dass er nur noch wenig Zeit hatte. Ich hätte gerne, klar, meine Pubertät mit ihm erlebt, einfach um zu sehen, ob wir beide uns auch mal krachen könnten, weil wir bis dahin nie gestritten hatten. Wir haben uns einfach nur geliebt.*

Im Mittelpunkt unseres Gespräches, Christine, steht Zeit, vergehende Zeit, eben auch Kindheit. Hast du dir je gewünscht, dich in die Kindheit zurückzuversetzen? Oder anders formuliert: Würdest du deine Mutter heute gerne noch mal fragen können, was für eine Frau sie war? Wir verpassen unsere Eltern ja immer generationsbedingt auf tragische Weise.

Das ist ein schönes Wort. Ich würde gerne meine Mutter fragen, warum sie dreimal verheiratet war, was sie an diesen Männern geliebt und später abgestoßen hat. Mein Vater war fast vierzig Jahre älter als meine Mutter, als sie heirateten. Und mein erster Stiefvater war vier Jahre jünger. Beim Dritten hat das Alter zwar gepasst, aber sonst nichts. Ich glaube, wenn meine Mutter in den Siebzigerjahren aufgewachsen wäre, so wie ich, dann hätte sie keine drei Kinder, sie hätte wahrscheinlich nicht mal eins. Ich glaube, dass sie so gelebt hätte wie ich, bloß nicht heiraten und einfach Affären haben, einfach sich schnell verlieben und auch genauso schnell wieder entlieben, also so wie ich es in den Siebzigern, Anfang der Achtzigerjahre gemacht habe.

Wie ein roter Faden geht durch dein Buch nicht nur der Selbstzweifel, sondern auch – das gehört vielleicht zusammen – die Unzufriedenheit mit deinem Äußeren, was ich nicht nachvollziehen kann. Aber es gibt eine berührende Geschichte in deinem Buch, die dein Verhältnis zu deinem Vater auch illustriert, bebildert, schildert. Du hast ihn aus deiner Sicht mit einer Frisur betrogen.

Also, ich habe ganz glatte Haare, ich habe richtige Schnittlauch-Haare.

Du hast keine Schnittlauch-Haare!

Na ja, du weißt nicht, was ich heute mit Lockenstab und Lockenwickler alles angestellt habe.

Ok.

Also, ich habe mir immer gewünscht, eine natürliche Schönheit zu sein. Wenn man zum Beispiel ins Meer geht und der Kopf gerät unter Wasser, dann gibt es ja Frauen, die tauchen auf und du denkst: Boh, wie hat sie das jetzt gemacht! Wenn ich auftauche, gehe ich mal besser irgendwohin und kämme mir die Haare oder setze eine Mütze auf oder was auch immer. Schon damals fand ich, dass mit meinen Haaren irgendwas passieren musste, und so fragte ich meinen Vater, ob ich mir eine Dauerwelle machen lassen dürfte. Mein Vater hatte wirklich keine Ahnung, was das war, aber er gab mir das Geld, und das kostete eine Menge damals.

Der dachte halt, eine neue Frisur.

Ja, halt eine neue Frisur. Und ich kam zurück, und sah wirklich aus wie eine frühreife ...

Stenotypistin.   **225**

Danke! Ich wollte keinen beleidigen, aber ja, Stenotypistin trifft es schon irgendwie. Ich sah furchtbar aus, ganz schrecklich, und meine Tante sagte damals zu meinem Vater: Wie konntest du ihr nur Geld geben, wie konntest du das erlauben? Eigentlich fand ich das auch nicht ganz fair, ihn derart im Unklaren gelassen zu haben. Und die Dauerwelle war auch noch schlecht gemacht. Ich habe bis heute noch zwei kahle Stellen davon auf dem Kopf.

Nein, noch immer?

Ja, das ist richtig weggeätzt, also, wenn ein Friseur zu viel von dem Oximittel nimmt, dann ätzt dir das mal kurz die Haare weg und verletzt die Kopfhaut.

Reden wir über Kastanien, reden wir über Steine. Dein Vater hatte immer eine Kastanie in der Hosentasche – mein Großvater, was hier nur von nachgeordnetem Interesse ist, im Übrigen auch. Was hat es damit auf sich, Kastanie in der Hosentasche?

Das war sehr vertraut. Mein Vater trug immer, wie er es genannt hat, Manchesterhosen, wunderbare Cordhosen. Ich glaube nicht, dass mein Vater so ein Gesundheitsapostel war, er hat zwar regelmäßig Kneippkuren gemacht, aber vielleicht waren die auch gegen sein Rheuma oder seine Gicht, ich habe keine Ahnung. Vielleicht war die Kastanie für ihn ein Glücksbringer. Ich jogge ja regelmäßig in Köln an einem wunderbaren See mit zwei wirklich sehr langen, geraden Kastanienalleen. Und wenn da die ersten fallen, dann bücke ich mich nach einer und nehme sie mit. Auch wenn sie völlig verschrumpelt sind nach dem Waschen, ich stecke sie immer wieder in die Hosentasche.

226

Reden wir über Steine. Du hast, sehr berührend für mich, in einem Buch geschrieben, dass du dir Steine mitnimmst und wo immer du bist, sie in die Hand nimmst und dir Gedanken machst, wer sie in hundert oder zweihundert Jahren oder einer Million Jahren in die Hand nehmen könnte.

Ja, woher sie kommen, wohin sie gehen, das sind so meine Fragen. Als ich mit dem Buch angefangen habe, ging es mir ja seelisch nicht gut. Da hatte ich wirklich auch den Blick nicht geradeaus oder nach oben, sondern nach unten ... Dann bin ich an Stränden entlanggelaufen und habe eben die Steine gesehen, ganz besondere habe ich aufgehoben und wollte sie eigentlich mitnehmen. Doch ich habe sie dann dagelassen, weil ich finde, sie müssen da bleiben, wo sie herkommen.

Denken wir über Steine nach, die da bleiben müssen, wo sie herkommen, während wir dem Musikwunsch von Christine Westermann nachkommen, und zwar Electric Light Orchestra. Drei der Musiker spielten vorher, wie der Pophistoriker weiß, bei der Gruppe The Move, und der Song heißt »Mr. Blue Sky«. Du legst größten Wert darauf, dass wir das Stück bis zum Ende spielen.

Ja bitte! Das muss bis zum letzten Tropfen ausgequetscht werden, es ist für mich große Oper. Und ich höre das, wenn ich richtig gut drauf bin, dann kann ich es ganz laut hören ... ich habe ein Cabrio, und das ist eine Cabrio-Musik, Kalifornien-Musik.

Reden wir über das Älterwerden. Eigentlich wollte ich eine ganz andere Frage stellen, aber wenn du Cabrio sagst, fällt mir diese hübsche Anekdote aus deinem Buch ein: Der junge Mann im Cabrio nebenan ... Also man wird älter, man flirtet aber wie eine Junge?

Man flirtet aus Versehen, weil man vergisst, dass man vielleicht das Flirten einstellen sollte, weil es zu nichts führt. Also ich sitze da im Auto, wahrscheinlich habe ich ELO gehört und mitgewippt, und dann schau ich rüber, mich strahlt so ein Typ an, und ich strahle eben zurück, und mittendrin gefriert mir dieses Strahlen im Gesicht. Und ich denke, Westermann, vergiss es. Und dann habe ich weggeguckt. Es war mir unheimlich peinlich, und ich habe wirklich auch die Spur gewechselt, damit ich nicht noch einmal neben ihm zum Stehen komme – gar nicht einfach, auf einer vierspurigen Straße irgendwo in Köln.

Ich würde dich gern ermuntern, ein Leben lang weiterzuflirten.

Mache ich auch.

Ich hatte in einer meiner ganz frühen Talkshows Lotti Huber zu Gast. Sie war damals fast achtzig, ich dreißig, und das hat Lotti Huber nicht daran gehindert, mit mir auf Teufel komm raus zu flirten. Ich fand das wunderbar. Das Lied vom Electric Light Orchestra klingt ein bisschen nach Kalifornien, sagtest du … Du bist ein Freiheitsmensch durch und durch, glaube ich. Woher nehme ich das? Es gibt viele Spuren im Buch, die darauf hindeuten. Aber du warst eben einfach auch mal dort, was deinem Publikum weitgehend gar nicht bekannt sein dürfte, für zehn Jahre glaube ich, und bist von San Francisco aus nach Köln eingeflogen zur Arbeit.

Genau das habe ich gemacht. Es war damals eine rein private Sache, eine Trennung. Jemand hatte sich von mir getrennt, das erste Mal, dass sich jemand von mir getrennt hatte. Da musste ich erst vierzig oder zweiundvierzig

Jahre alt werden, dass sich das mal einer getraut hat. Ich dachte halt, ich brauche geografischen Abstand, mit dem Herzen, mit dem Kopf. Deshalb fuhr ich zu einer Freundin nach Amerika, um getröstet zu werden. Sie lebte in Chicago. Wir machten erst mal mit circa acht Leuten eine schöne Bootstour in der Karibik, und ich war sehr traurig. Doch ich bin schon sehr mutig hingefahren und dachte, wahrscheinlich ist der Captain auf diesem Boot frei, und in den verknalle ich mich erst einmal.

Wenn es so leicht immer ginge ...

Wenn es so leicht immer ginge. Nein, diesmal war das ganz schlecht, weil seine Frau die Köchin auf dem Boot war, das Verknallen hat also nicht geklappt.

Schlechte Vorrecherche.

Total! Und dann waren wir die letzten drei Tage in Chicago, eine tolle Stadt! Es war im Januar, und am letzten Abend – ich war sehr traurig, weil ich sozusagen unverrichteter Dinge zurückfahren sollte, wir standen in einer dieser wunderbaren schönen Kneipen mit Livemusik – habe ich aus Versehen wirklich, aber ganz ordentlich in den letzten zwei Stunden mit jemandem angefangen zu flirten, und das war dann wirklich jemand, der mich sehr schön wieder zu einer starken Westermann gemacht hat. Verheiratet, sechs Kinder ... Habe ich jetzt eigentlich erzählt, was ich erzählen wollte?

Das weiß niemand. Aber ich habe gerne zugehört. Du hast mit zwei Schwulen zusammengelebt dort?

Ja, ich habe mit zwei Schwulen gelebt, ich konnte damals nicht alleine leben ...

229

Man trifft keinen Hetero?

Doch, das schon, aber das Wohnen ist unglaublich teuer dort. Die beiden hatten ein viktorianisches Haus, und oben war eine Etage frei, Badezimmer, zwei Zimmer, kleine Zimmer, unterm Dach und Küche, den Garten haben wir uns geteilt. Dan und Tom waren das, und es war sehr, sehr schön.

Loslassen fällt dir doch leicht. Warum fällt dir Abschiednehmen schwer? Ich las in deinem Buch, dass du dich weggestohlen hast.

Ja, das ist mir sehr unangenehm. Aber ich glaube, dass ich immer viel zu viel Gefühl investiere. Die beiden versuchten dann über den Verlag, über den WDR, über meine Internetseite, mich zu erreichen. Ich kann es dir nicht erklären, aber das ist eine sehr gute Frage, und ich bin eigentlich bloß und nackt jetzt.

Du bist ein Geber.

Ja, ich bin ein Geber, ein Zu-viel-Geber, das ist entscheidend. Wenn ich mit Freunden in ein Restaurant gehe, und es gibt einen Sechser-Tisch mit nur fünf guten Plätzen und der Sechste guckt aufs Klo, dann kannst du mit Sicherheit davon ausgehen, dass ich aufs Klo gucke und die anderen auf den Rhein. Mein Mann Jochen macht es jetzt immer so, dass er sich auf den Klo-Platz setzt. Manchmal kriegen wir auch Streit deswegen, weil ich dieses Privileg, dass ich auf dem schlechtesten Platz sitze und es allen anderen gut geht, nicht missen möchte – eben, weil es mir selbst damit gut geht.

Du sprichst über deinen Mann, den ich kennengelernt habe, ein wunderbarer Mann. Wir reden über Zeit heute, über vergehende Zeit und über Luxus. Du schreibst in deinem Buch »Da geht noch was: Mit 65 in die Kurve«, Zitat: »Der größte Luxus, den ich mir bisher in meinem Leben geleistet habe, ist kein Haus in der Sonne am Mittelmeer zu haben, keine teure Uhr oder teure Kunst. Hätte im Laufe der Jahrzehnte sicher gut klappen können, hätte ich gehalten, was ich hatte. Luxus ist für mich stattdessen loszulassen, nicht festzuhalten.« Zitatende.

Genau so ist es!

Das beschreibt dich?

Ja, das beschreibt mich. Ich bedaure immer nur für kurze Momente, dass ich kein Haus am Mittelmeer habe. Ich habe dafür andere schöne Sachen gemacht. Und die Frage, wo das ganze Geld geblieben ist, kann ich überhaupt nicht beantworten. Es ist einfach ausgegeben worden.

Ja, du sagst ja auch, du lädst am Ende eines schönen Abends mit Freunden, Bekannten, Kollegen auch gerne mal ein und reichst die Rechnung nicht beim Sender ein. Du sagst, das ist für mich Luxus.

Ja, zum Beispiel mit meinen Fußballfreunden. Wir sind eine Gruppe von zehn Leuten und nennen uns die Schwäne, weil wir immer in eine bestimmte Kneipe in Köln gehen, die ›Der Schwan‹ heißt. Wir sitzen zusammen und haben z. B. gewettet, wer Weltmeister wird, wie weit Deutschland kommt usw. Und wenn wir so vor uns hin wetten, dann kommen im Jahr um die achttausend oder neuntausend Euro zu-

sammen, mit denen wir wunderbare Reisen machen. Wir fliegen nach Sylt und lassen es richtig krachen. Und das finde ich sehr schön. Ich gehe auch leidenschaftlich gern zum Pferderennen, Galopprennen.

Du zockst?

Ja, ich zocke! Ich darf nur keine Kreditkarte mitnehmen, weil bei den Pferderennen überall diese Automaten rumstehen ...

Das Gespräch erinnert langsam an eine Selbsthilfegruppe. Wir haben eine Spielerin am Mikrofon, Christine Westermann, die gerade über Fußball sprach. – Wir reden ja auch über das Älterwerden. Du hast ein bisschen Anstoß daran genommen, dass man den ehemaligen Bayerntrainer Jupp Heynckes gefragt hat, was er denn jetzt noch machen wolle: »Sie werden wahrscheinlich nach Schwalmstadt gehen, zurück in Ihr Haus ...«

... Hund, Frau.

Haus, Hund, Frau ... also Frau sollte man zuerst nennen ... und Rosen züchten. Also man las zwischen den Zeilen, dass dir dabei die Zornesröte ins Gesicht gestiegen ist.

Ich werde jetzt schon wieder rot. Wer bestimmt denn, was man machen muss? Wenn du das Gefühl hast, ich würde gerne jetzt noch mal zwei Jahre Bayern München trainieren, ich war ein großartiger Trainer, habe das Triple geholt, und dann höre ich: Oh nee, jetzt denkt der Heynckes tatsächlich drüber nach, ob er noch weitermachen will ...? Ich finde das unglaublich. Wer denkt sich denn so was und fragt das dann auch noch? 32-Jährige, 45-Jährige, die

*keine Ahnung haben, wie man, wenn man älter ist, brennt
für das, was man macht, und vor allem für das, was man
gut macht. Es kommt doch nicht drauf an, wie alt du bist,
sondern wie gut du noch bist.*

Du sagst, ich bin noch zu jung an der falschen Stelle,
um schon die Weisheit des Alters zu haben. Die Weisheit
eines Menschen, hat jemand gesagt, bemisst sich nicht
an seinen Erfahrungen, sondern nach seiner Fähigkeit,
Erfahrungen machen zu wollen. Dennoch, die Frage sei
noch mal gestellt: Warum bist du jung an der falschen
Stelle? Wie meinst du das?

*Jetzt überlege ich mir gerade, ob ich wirklich solche Sätze
geschrieben habe.*

Das ist aus deinem Buch, auch sehr korrekt zitiert. Also
wie kann man jung an der richtigen Stelle sein?

*Vielleicht, dass ich jung im Kopf bin. Jung im Kopf und
im Herzen, worüber wir vorhin gesprochen haben. Dieses
Cabrio-Fahren – und jetzt sagen alle Menschen, aber die ist
doch 1948 geboren, die soll sich jetzt mal langsam zurückziehen aufs Altenteil. Und schon sind wir wieder bei Jupp
Heynckes. Nochmal: Wer bestimmt denn, was du machen
sollst, wenn du fünfundsechzig bist? Es wäre doch schön,
wenn man das selbst bestimmen könnte.*

Ist dein Mann jung im Herzen?

Der ist sehr erwachsen, ich weiß nicht, ob das jung ist.

Wir reden von Jochen Baller ...

Wir reden von Jochen Baller, der pädagogisch sehr wertvoll ist. Er versucht mich immer ein bisschen in meinem Überschwang zu bremsen, also so auch jetzt, wenn ich mich aufrege über Menschen wie Jupp Heynckes. Ja, Jochen ist jung, Jochen kann wunderbar tanzen, der rockt richtig mit, du denkst, du siehst dabei einen Fünfundzwanzigjährigen.

Dafür, dass du eine Frau bist, die auch nicht ganz frei von Selbstzweifeln ist, finde ich es ziemlich resolut und engagiert zu sagen, ich habe Jochen, nachdem der nicht aus dem …

… Quark kam.

Hast du zu ihm gesagt: Willst du mich heiraten? Daraufhin hat der sich einen Schnaps eingegossen und gesagt …

Nee, hat er nicht. Ich hatte ihn ja relativ schnell, wir kannten uns gerade mal acht Wochen. Wir waren in Italien, es war unsere erste gemeinsame Reise, und wir waren so unglaublich verknallt. Ich würde nicht ausschließen wollen, dass vielleicht auch fünf Prozent Torschlusspanik dabei waren, weil ich ja schon zweiundfünfzig war und dachte: Jetzt oder nie! Und dann habe ich ihn tatsächlich gefragt: »Ich möchte dir gern eine Frage stellen, aber es kommt mir so vor, als stünde ich auf dem Zehner im Schwimmbad und könnte mir nicht so sicher sein, dass unten im Becken wirklich Wasser ist.« Er antwortete: »Du kannst ruhig springen, es ist randvoll.« Damit war klar, dass er auch drüber nachgedacht hatte, mich zu fragen. Seine Überlegung hingegen war: »Wir gehen irgendwann mal in so einen italienischen Supermarkt, um mich zwischen zwei Spaghetti-Regalen zu fragen, ob ich ihn denn heiraten wolle.«

Aber das wäre eine SAT.1-Komödie.

Und dann auch noch Vorabend.

Ja. Wir sind beide, sagen wir mal, im Spätsommer unseres Lebens, und dazu passen Gedanken zu den Themen Glück und Hoffnung. Du schreibst gleich zu Beginn in deinem Buch: »Wo will ich noch hin mit meinem Leben? Wo will das Leben mit mir hin? Zwei Fragen und keine Antworten, nicht mal eine.« Hast du denn – so ein Buch ist ja eine emotionale Reise, – so die eine oder andere Antwort gefunden, was man will, was man nicht will, was man hofft, was du hoffst?

Ich habe eine sehr klare Antwort gefunden, und das ist eigentlich auch diese schöne sachte Wende, diese Kurve, die mein Leben genommen hat. Ich habe begriffen, dass man nicht warten kann auf irgendwas, sondern dass das Leben jetzt ist. Leben ist heute, jetzt, hier mit dir sitzen, und morgen ist was anderes dran. Und dass man, wenn es geht, versucht, den Moment festzuhalten, jetzt innezuhalten. Ich mache gerade eine Ausbildung, das ist mir schon fast zu viel, aber ich mache ein dreijähriges Seminar, und am Ende könnte ich Bewusstseinstrainerin sein. Ich mache das aber nicht, um einen anderen Beruf zu haben, ich liebe meinen Beruf als Journalistin. Ich mache das, weil ich ganz gespannt bin, wer aus mir geworden ist in drei Jahren. In dem ersten hinter mir liegenden halben Jahr habe ich schon viel gelernt. Bitte, frag mich jetzt nicht, was es ist, weil ich noch Anfänger bin, und alles ist ganz neu, und ich kann es noch nicht so richtig festhalten. Aber ich habe z. B. begriffen, und das ist richtig gut, Menschen nicht mehr in Schubladen zu stecken. Ich sehe jemanden, die erste Reaktion: Oh Gott, der Pullover, die Haare, hm! **235**

Und das merke ich, dann höre ich auf, dann schaue ich, wer mir entgegenkommt und was passiert. Das hat mein Leben um so vieles einfacher und klarer gemacht. Ich komme dadurch Menschen anders entgegen, ich laufe auch nicht mehr die WDR-Flure entlang wie die vielen Jahre vorher und grüße jeden, der mir entgegenkommt, weil ich denke: Wenn ich nicht grüße, könnten die denken, Mensch, die Frau vom Fernsehen, die arrogante ... Dieser Irrsinn, Hubertus – du denkst, was könnten die anderen denken. Was für ein Quatsch. Wie geht es dir ohne den Gedanken? Sensationell! Weniger denken, mehr gucken!

Mehr beobachten. Mehr schauen. Du schreibst, Glück ist ein Amselmoment. Wie meinst du das? Was ist ein Amselmoment? Ich mag Amseln sehr, aber was ist ein Amselmoment?

Das ist der Moment, wo du zum ersten Mal im Frühjahr am Abend diese Amsel hörst, die auf irgendeinem First sitzt oder auf einem Sims und singt. Das finde ich großartig. Und manchmal habe ich diesen ganz schrägen Gedanken: Wenn ich mal sehr krank würde und es wäre klar, ich habe nicht mehr viel Zeit, und es wäre im November, dann würde ich den lieben Gott sehr bitten, dass er mich noch einen Amselmoment im April erleben lässt.

Was soll auf deinem Grabstein stehen?

Habe ich mir nicht überlegt.

Ein bedeutender amerikanischer Physiker wurde genau dieses vor Kurzem gefragt, und er antwortete: Ich zahle jetzt keine Umsatzsteuer mehr.

Du kannst dir immer schöne Sachen merken, du haust Canetti raus ...

Ich bin eine Art Perlentaucher. Es gibt Zitate, die mein Schatz sind. Eines beispielsweise, das ich sehr liebe, ist vom großen Peter Ustinov zu unserem Thema. Zitat:»Ab einem bestimmten Alter merkt man, dass das, was man für die Generalprobe gehalten hat, schon die Vorstellung ist.« Und wir sind beide im dritten Akt.

Schön. Ja, wunderbar!

Wenn man über Grabsteine spricht, darf man auch über den lieben Gott sprechen. Du hast Moritz Bleibtreu zitiert, der vom kleinen Gott spricht.

Von meinem kleinen Gott.

Von meinem oder seinem kleinen Gott. Warum ist dir das so sympathisch?

Weil ich auch einen Gott habe. Ich habe einen lieben Gott, ich bin evangelisch, also mein Gott ist kein katholischer, der straft und bei dem man Buße tun muss usw. Und ich fühle mich von klein auf behütet, beschützt, geführt, geleitet. Ich habe ein sehr, sehr schönes und großes Gottvertrauen. Und das ist nicht nur da, wenn es mir gut geht, sondern das war auch in schlechten Zeiten da, auch als Kind.

Du schreibst auch, dass du, wenn du in anderen Städten bist, sei es in Deutschland oder außerhalb Deutschlands, in Kirchen gehst.

Ich gehe gern in Kirchen, und da sind immer diese kleinen Teelichter, und selbstverständlich, weil ich ein Zu-viel-Geber bin, haue ich da ordentlich in den Opferstock, und dann mache ich wirklich auf Familie. Wenn mich einer beobachten würde, ist es – glaube ich – sehr interessant zu sehen, wie ich die Teelichter hinstelle, also welche kleinen Grüppchen ich aufmache, für die ich dann Kerzen anzünde.

Kommen wir zu den letzten beiden Themen. Du hast mal gesagt: Ich lasse mir keine Energie mehr absaugen. Das zweite ist: Ich entscheide jetzt nach meinen Bedürfnissen ohne schlechtes Gewissen.

Sich was zu trauen, zu vertrauen, Zutrauen zu sich selbst zu haben und das Vertrauen, dass einem andere Leute wirklich den Stecker ziehen ... Oder ist es eigentlich um-gekehrt, dass man selbst die Energie haben muss, den Stecker zu ziehen? Das habe ich im Achtsamkeitstraining gelernt, dass du merkst, wann und mit wem dir die Acht-samkeit verloren geht und dass du solche Menschen mei-dest. Das meine ich.

Ist das Glück die Summe aller Augenblicke, die man im Leben genossen hat?

Das hat Daniel Glattauer gesagt, dessen erste beiden Bü-cher ich sehr gemocht habe. Und ich fand es sehr schön, ich habe mit ihm eine Reihe gemacht, so etwas Ähnliches was du hier machst, Männer- und Frauengeschichten. Und er hat mir das aufgeschrieben. Und als es dann kam, hatte es ein bisschen von seinem Zauber verloren, weil man es von jemandem hören muss. Das ist schon so ein bisschen Katasteramt, finde ich fast.

Katasteramt?

Ja, das ist so, wenn man sich selbst völlig rausnimmt. Er sagt ja, er gönnt den anderen das Glück und nicht sich selbst. Eigentlich war der Satz richtig schön in der Sendung, und jetzt ist er ein bisschen verblasst.

Du bist ja auch handfest mit dir selber, wenn du ein Problem hast, dann sagst du dir: Nicht denken, weiteratmen! Was ist: Nicht denken, weiteratmen?

Es gibt eine amerikanische Frau namens Byron Katie, die sagt: Wie geht es dir mit den Gedanken, schweren Gedanke, wie geht es dir ohne, einfach weglassen, einfach nicht mehr dran denken. Das hat was damit zu tun. Ich schaffe das auch wunderbar auf dem Buchpapier. Aber im richtigen Leben dauert es ein bisschen ...

Vielen Dank, Christine.

Ich danke dir sehr, danke!

FRAUEN, DIE BEI MIR ZU GAST WAREN

2014

07.12.	Eva Wlodarek, Diplom-Psychologin und Autorin
02.11.	Inga Rumpf, Musikerin
05.10.	Patricia Riekel, Journalistin
07.09.	Eveline Hall, Modell, Sängerin und Schauspielerin
03.08.	Irene Fischer, Schauspielerin und Drehbuchautorin
06.07.	Lilo Wanders (vor Publikum), Travestiekünstler
01.06.	Christine Westermann, Fernseh- und Radiomoderatorin, Journalistin und Autorin
04.05.	Annelie Keil, Soziologin und Gesundheitswissenschaftlerin
06.04.	Veronica Ferres, Schauspielerin und Produzentin
02.03.	Katharina Trebitsch, Produzentin
02.02.	Barbara Schöneberger, Moderatorin und Sängerin (1. Ausgabe Frauengeschichten)

2015

06.12.	Helene Fischer, Sängerin
01.11.	Ulrike Murmann, Theologin
04.10.	Sabine Postel, Schauspielerin (vor Publikum)
06.09.	Susanne Porsche, TV-Produzentin
02.08.	Heidi Mahler, Volksschauspielerin
07.07.	Katja Eichinger, Journalistin und Autorin
07.06.	Erika Pluhar, Schauspielerin, Sängerin und Schriftstellerin
03.05.	Elke Heidenreich, Schriftstellerin, Literaturkritikerin
05.04.	Leslie Malton, Schauspielerin (vor Publikum)
01.03.	Katja von Garnier, Regisseurin
01.02.	Victoria Trauttmansdorff, Schauspielerin
04.01.	Katharina Müller-Elmau, Schauspielerin

2016

04.12.   Meike Winnemuth, Journalistin und Buchautorin (vor Publikum am 15.11.)

06.11.   Marianne Sägebrecht, Schauspielerin (vor Publikum)

02.10.   Susanne Uhlen, Schauspielerin und Regisseurin

04.09.   Helen Schneider, Sängerin

07.08.   Doris Kunstmann, Schauspielerin

03.07.   Heikedine Körting, Hörspielproduzentin

12.06.   Verena Bentele, Sportlerin und Behindertenbeauftragte der Bundesregierung

01.05.   Dora Heldt, Autorin (vor Publikum)

03.04.   Adriana Altaras, Schauspielerin und Theaterregisseurin

06.03.   AnNa R., Sängerin

07.02.   Natalie Knapp, Philosophin und Publizistin

03.01.   Ina Müller, Sängerin (vor Publikum)

2017

AZ 27.07. Annette Humpe, Sängerin und Musikprodu-
zentin

AZ 07.09. Uisenma Borchu, Regisseurin

AZ 25.09. Gitte Haenning, Sängerin und Schauspielerin (vor Publikum)

AZ 30.05. Vicky Leandros, Sängerin

02.07. Annette Dasch, Sängerin

04.06. Jane Comerford, Sängerin und Dozentin

07.05. Haya Molcho, Köchin und Autorin

02.04. Ann-Marlene Henning, Psychologin, Sexo-
login, Moderatorin und Autorin (vor Publikum)

05.03. Sunnyi Melles, Schauspielerin

05.02. Antje Kunstmann, Verlegerin

08.01. Doris Dörrie, Regisseurin und Autorin

MUSIKÜBERSICHT

Jede Interviewpartnerin bringt drei Songs mit, die ihr wichtig sind. Und der Gastgeber spielt zusätzlich immer einen (anderen) Rod Stewart-Titel.

DORIS DÖRRIE

Patti Smith: Gloria
Bob Dylan: Changing of the guards
Van Morrison: Enlightenment

Rod Stewart: It's not the spotlight

VERONICA FERRES

Bon Jovi: It's my life
Aerosmith: I don't wanna miss a thing
Birdy: People help the people

Rod Stewart: Just like a woman

ELKE HEIDENREICH

Harry Belafonte: Jamaica Farewell
Alfred Brendel plays Franz Schubert –
Ungarische Melodie
(Hungarian Melody) D.817
Leonard Cohen: Take this Waltz

Rod Stewart: Manhattan

LESLIE MALTON

Doobie Brothers: Listen to the music
Percy Sledge: When a man loves a woman
Trini Lopes: La Bamba

Rod Stewart: Handbags & Gladrags

ULRIKE MURMANN

Frank Sinatra: New York, New York
James Taylor: You´ve got a friend
Herbert Grönemeyer: Mensch

Rod Stewart: Purple heather
(Wild mountain thyme)

ERIKA PLUHAR

Zarah Leander: Ich weiß, es wird einmal
ein Wunder geschehen
Frank Sinatra with Antonio Carlos Jobim:
The girl from Ipanema
Erika Pluhar: Trotzdem

Rod Stewart: In my life

INA MÜLLER

Hannes Wader: Dat Du min Leefste büst
Pink Floyd: Wish you were here
Malia: Young Bones

Rod Stewart: Reason to believe

MARIANNE SÄGEBRECHT

Hej, Pippi Langstrumpf (Titellied aus dem Film)
Cliff Richard: Lucky Lips
Peter Schreier: Dies Bildnis ist bezaubernd/
Aus der Zauberflöte

Rod Stewart: Girl from the North Country

BARBARA SCHÖNEBERGER

U2: One
Barbara Streisand: Happy days are here again
Dusty Springfield: The windmills of your mind
Barbara Schöneberger: Mein Mann der Wal

Rod Stewart: She makes me happy

CHRISTINE WESTERMANN

Blood, Sweat & Tears: Spinning Wheel
Electric Light Orchestra: Mr. Blue Sky
Eric Clapton: Autumn leaves

Rod Stewart: When we were the new boys

EPILOG

....

Während meiner Schulzeit in Kassel war ich mit großer Begeisterung am dortigen Staatstheater Statist. Ich liebte diesen Geruch auf der Bühne, irgendeine Mischung aus Staub, Schweiß und Feuerbindemittel. Ich liebte die Literatur und ich liebte die Frauen: Ballett-Tänzerinnen aus aller Welt, Opernsängerinnen, Schauspielerinnen.

Dieser Mikrokosmos in einer Stadt, die ich damals als sehr klein und einengend empfand, war mein Paradies, eine Insel der Glückseligkeit. Intendant des Hauses war in dieser Zeit Peter Löffler, ein Schweizer Weltbürger, ein neugieriger Intellektueller mit Witz und Humor. Er suchte immer wieder das Gespräch mit uns jungen Leuten, denn »wir seien die Zukunft«, und wie die Gegenwart ist, das wisse er ja schon. Irgendwann richtete Löffler einmal die Frage an mich, was er denn als Intendant besser machen könne.

»Genauso viele Schauspielerinnen wie Schauspieler zu engagieren«, erwiderte ich spontan. Mir war nämlich aufgefallen, dass das Ensemble aus zwei Dritteln Männern und einem Drittel Frauen bestand, was ich aus mancherlei Hinsicht bedauerlich fand.

Löffler lächelte etwas melancholisch: Dann hätten die Dramatiker der Vergangenheit und der Gegenwart mehr große Frauen- als Männerrollen schreiben müssen, sagte er. Frauen haben eben nicht so viel zu spielen wie Männer in der europäischen Theaterliteratur.

Ich war erstaunt und habe sofort im Bühnenjahrbuch nachgesehen. Löffler hatte Recht. Alle Bühnen Deutschlands, Österreichs und der Schweiz beschäftigten deutlich mehr Schauspieler als Schauspielerinnen.

Ich versuchte das zu verstehen, was mir nicht leicht fiel. War ich doch zwischen einer großartigen facettenreichen Mutter und einer sehr resoluten und zugleich humorvollen Großmutter aufgewachsen. Waren die Bücher meiner Kindheit doch von Enid Blyton! Saß ich doch als Kind vor dem Fernseher wegen Margaret Rutherford, die in den Krimis von Agatha Christie brillierte! War doch meine Musik von Janis Joplin und Joni Mitchell! Bin ich doch ins Kino gegangen wegen Meryl Streep, Jacqueline Bizet, Anna Magnani und Claudia Cardinale. Die spannenden Geschichten stammten doch von Frauen, keineswegs von Männern!

Ich fand Simone de Beauvoir auch immer vielschichtiger als Sartre, Sony nicht so gut wie Cher und Tina um Klassen besser als Ike Turner. Und als ich Dank eines großartigen Deutschlehrers namens Herman Balkenhol auf deutsche Dichtung aufmerksam gemacht wurde, dann waren das die Texte von Hilde Domin, Rose Ausländer, Else Lasker-Schüler und Nelly Sachs, die mich begeisterten und berührten. (Ja, zugegeben: Rilke war ein ganz großer und ein Mann.)

Jahrzehnte sind seither vergangen. Ich bin Ehemann, Vater und TV-Produzent.

Und was liest meine Frau gerade wie gefesselt? »Unterleuten« von Juli Zeh. Was war die erste große literarische Erfahrung meines Sohnes: Joanne K. Rowling. Und welcher Film hat mich in letzter Zeit so umgehauen, dass ich noch eine Weile sprachlos im Kino saß: Toni Erdmann von Maren Ade …

Mich interessieren eben Frauen mehr als Männer. Das bekenne ich.

»Meyer-Burckhardts Frauengeschichten« tragen dem Rechnung.

Und wenn dieses Buch auch als eine respektvolle Verbeugung in Dankbarkeit vor Frauen verstanden wird, ist es dem Autor recht.

September 2017   *Hubertus Meyer-Burckhardt*

Für alle Lebensliebhaber bietet das Gütersloher Verlagshaus Durchblick, Sinn und Zuversicht. Wir verbinden die Freude am Leben mit der Vision einer neuen Welt.

UNSERE VISION EINER NEUEN WELT

Die Welt, in der wir leben, verstehen.

Wir sehen Menschlichkeit als Basis des Miteinanders: Mitgefühl, Fürsorge und Beteiligung lassen niemanden verloren gehen. Wir stehen für gelingende Gemeinschaft statt individueller Glücksmaximierung auf Kosten anderer.

....

Wir leben in einer neugierigen Welt: Sie sucht ehrgeizig und mitfühlend Lösungen für die Fragen unseres Lebens und unserer Zukunft. Wir fragen nach neuem Wissen und drücken uns nicht vor unbequemen Wahrheiten – auch wenn sie uns etwas kosten.

....

Wir leben in einer Gesellschaft der offenen Arme: Toleranz und Vielfalt bereichern unser Leben. Wir wissen, wer wir sind und wofür wir stehen. Deshalb haben wir keine Angst vor unterschiedlichen Weltanschauungen.

Das Warum und Wofür unseres Lebens finden.

Erfahren, was uns im Leben trägt und erfreut.

Wir helfen einander, uns selber besser zu verstehen:
Viele Menschen werden sich erst dann in ihrem Leben zuhause fühlen, wenn sie den eigenen Wesenskern entdecken – und Sinn in ihrem Leben finden.
....

Wir ermutigen Menschen, zu ihrer Lebensgeschichte zu stehen:
In den Stürmen des Alltags geben wir Halt und Orientierung. So können sich Menschen mit ihren Grenzen aussöhnen und zuversichtlich ihr Leben gestalten.
....

Wir haben den Mut, Vertrautes hinter uns zu lassen:
Neugierde ist die Triebfeder eines gelingenden Lebens. Wir wagen Neues, um reich an Erfahrung zu werden.

Wir glauben an die Vision des Christentums:
Die Seligpreisungen der Bergpredigt lassen uns nach einer neuen Welt streben, in der Vereinsamte Zuwendung, Vertriebene Zuflucht, Trauernde Trost finden – und Gerechtigkeit, Barmherzigkeit und Frieden herrschen.
....

Wir geben Menschen die Möglichkeit, den Glauben (neu) zu entdecken:
Persönliche Spiritualität gibt Kraft, spendet Trost und fördert die Achtung vor der Schöpfung sowie die Freude am Leben.
....

Wir stehen mit Respekt vor der Glaubenserfahrung anderer:
Wissen fördert Dialog und Verständnis, schützt vor Fundamentalismus und Hass. Wir wollen die Schätze anderer Religionen kennenlernen, verstehen und respektieren.

GÜTERS DIE
LOHER VISION
VERLAGS EINER
HAUS NEUENWELT

Bibliografische Information der Deutschen Nationalbibliothek

Die Deutsche Nationalbibliothek verzeichnet diese Publikation
in der Deutschen Nationalbibliografie; detaillierte bibliografische
Daten sind im Internet über https://portal.dnb.de abrufbar.

Klimaneutral
Druckprodukt
climate-id.com/12559-1708-1001

Verlagsgruppe Random House FSC® N001967

3. Auflage, 2018
Copyright © 2017 Gütersloher Verlagshaus, Gütersloh,
in der Verlagsgruppe Random House GmbH,
Neumarkter Str. 28, 81673 München

Sollte diese Publikation Links auf Webseiten Dritter enthalten,
so übernehmen wir für deren Inhalte keine Haftung, da wir uns
diese nicht zu eigen machen, sondern lediglich auf deren Stand
zum Zeitpunkt der Erstveröffentlichung verweisen.

Das Interviewmaterial wurde freundlicherweise vom Radiosender NDR Info
zur Verfügung gestellt, der die Reihe »Meyer-Burckhardts Frauengeschichten«
seit 2014 immer am ersten Sonntag des Monats sendet. Lizensiert durch
Studio Hamburg Enterprises GmbH.

Redaktionelle Bearbeitung der Interviews: Christel Gehrmann, Gütersloh
Umschlaggestaltung: Gute Botschafter GmbH, Haltern am See
Umschlagmotiv: © Achim van Gerven Photography, Hamburg
Druck und Bindung: GGP Media GmbH, Pößneck
Printed in Germany
ISBN 978-3-579-08659-0

www.gtvh.de